治学杂语
理学札记

蒙文通

著

四川文艺出版社

　　蒙文通（1894-1968），著名经史学家，曾任成都大学、中央大学、河南大学、北京大学、华西大学、四川大学等校教授。著有《经学抉原》《古史甄微》《中国史学史》《周秦少数民族研究》等。

目　录

治学杂语

象山言：我这里纵不识一个字，亦须还我堂堂地做个人。又说：人当先理会所以为人，若不知人之所以为人，而与之讲学，是遗其大而言其细，便是放饭流歠而问无齿决。不管做哪门学问，都应体会象山这层意思。

一个心术不正的人，做学问不可能有什么大成就。

学生总得超过先生。如不能超过先生，纵学得和先生一样，还要你这学生作何用？

孟子说："观水有术，必观其澜。"观史亦然，须从波澜壮阔处着眼。浩浩长江，波涛万里，须能把握住它的几个大转折处，就能把长江说个大概；读史也须能把握历史的变化处，才能把历史发展说个大概。

做学问犹如江河行舟，会当行其经流，乘风破浪，自当一泻千里。若苟沿边逡巡，不特稽迟难进，甚或可能误入洄水沱而难于自拔。故做学问要敢抓、能抓大问题、中心问题，不要去搞那些枝枝节节无关大体的东西，谨防误入洄水沱。

以虚带实，也是做学问的方法。史料是实，思维是虚。有实无虚，便是死蛇。

读基础书要慢点读，仔细读。不仅是读过，而且要熟。更不在多，多是余事。只熟也还无用，而是要思。但思并不是乱出异解，不是穿凿附会，只是能看出问题。

读史，史书上讲的尽是故事，切不可当作小说读，要从中读出问题来，读出个道理来，读出一个当时的社会来。否则，便不如读小说。

中外进行比较，是研究历史的一个重要方法。写《古史甄微》时，就靠读书时学过些西洋史，知道点罗马、希腊、印度的古代文明，知道它们在地理、民族、文化上都不相同。从这里受到启发，结合我国古史传说，爬梳出中国古代民族可以江汉、河洛、海岱分为三系的看法，从而打破了关于传说时代的正统看法。学者或不以为谬，后又得到考古学上的印证。后来喜读汉译社会、经济各家名著，也常从正面、反面受到启发。所写一些文章虽未明确写上这点，但在考虑问题时常常是从这里出发的。

读书贵能钻进去，并不在于读罕见的书，要能在常见书中读出别人读不出来的问题。宋刻元椠并不足贵，章太炎就常说他是读洋板书的人。

中国地广人众，而能长期统一，就因为有一个共同的传统文化。欧洲较中国小、人口较中国少，反而长期是个分裂局面，就因没有一个共同的传统文化。中国这个传统文化，说到底就是儒家思想。要把中国的历史和现实讲清楚，离开了儒家思想是不行的。

学问贵成体系，但学力不足、才力不够是达不到的。体系有如几何学上点、线、面、体的"体"。清世学者四分之三以上都是饾饤之学，只能是点。其在某些分支上前后贯通自成系统者，如段玉裁之于文字学，可以算是线，还不能成面。如欧阳竟无先生之于佛学、廖季平先生之于经学，自成系统，纲目了然，但也只限于一面。能在整个学术各个方面都卓然有所建树而构成一个整体者，则数百年来盖未之见。做真学问者必须有此气魄。

有些著作，看似零散、无系统，其实是自有系统的。如顾炎武之《日知录》，赵瓯北之《廿二史札记》，就可说是自成体系的通史，只不过没有把人所共知的史实填充进去而已。然清人札记之能与二书相比者盖鲜。

欧阳先生尝言：读《俱舍》三年，犹未能通。于沪上见沈乙庵，沈谓：君当究俱舍宗，毋究《俱舍》学。归金陵，觅《俱舍》前诸书读之，又觅《俱舍》

后诸书读之；又觅与《俱舍》同时他家诸书读之，读三月而俱舍之义灿然明白。盖自前后左右之书比较研读，则异同自见，大义顿显。章太炎先生尝言：近人读书尚多未至"不懂"处。旨哉斯言。能如欧阳大师之三年犹知其未能通者鲜矣。大师读《俱舍》之法，用于他书，何独不然。

做学问必选一典籍为基础而精熟之，然后再及其他。有此一精熟之典籍作基础，与无此一精熟之典籍作基础大不一样。无此精熟之典籍作基础，读书有如做工者之以劳力赚钱，其所得者究有限。有此精熟之典籍作基础，则如为商者之有资本，乃以钱赚钱，其所得将无限也。

每一学问必有其基础典籍：清代汉学，不离《说文》；今、古文学，则不离《五经异义》《白虎通义》；宋学则一《近思录》；文学则《昭明文选》《文心雕龙》。此学者之所能知。治史则当以《文献通考》

为基础，则世之学者鲜能首肯者也。

昔自沪归金陵，过苏州谒章太炎先生，时陈柱尊等侍先生，无锡国专唐蔚之邀先生游无锡，先生嘱同往。时人多言先生言谈难会其意，盖先生学问渊博，谈常牵涉过广，而听者往往不能蹑其思路而从之，故有难懂之感。行间，先生每喜与余谈论，常命近坐，虽饮食亦时命坐旁。昕夕论对，将十余日，每至废寝忘食，几于无所不言，亦言无不罄。徐以启先生曰：六经之道同源，何以末流复有今、古之悬别？井研初说今为孔氏改制，古为从周，此一义也；一变而谓今为孔学，古始刘歆，此又一义也；再变说一为大统，一为小统，则又一义也。仪征虽不似井研明张六变之旨，而义亦屡迁。见于《明堂考》《西汉周官师说考》，或以今、古之辨为鄹鄙、雒邑之异制，或又以为西周、东周之殊科。诸持说虽不同，而于今、古学之内容乃未始有异。要皆究此二学之胡由共树而分条已耳。凡斯立义，孰为谛解？章氏默然久之，乃曰：今、古皆汉代之学，吾辈所应究者，则先秦之学也。章氏之说虽如此，然古、今文家，孰不本之先秦以为义，则又何邪？余于此用心既久，在解梁时，比辑秦制，凡数万言，始恍然于秦之为秦，然后知法家之说为空言，而秦制其行事也；孔孟之说为空言，而周制其行事也；周、秦之政殊，而儒、法之论异。既见乎秦制之所以异于周，遂于今学之所以异于古者，亦了然也。乃见周也、秦也、春秋一王大法也，截然而为三。于是有《儒家政治思想之发展》之作，以见秦、汉之际之儒生为与孔孟有别之新儒家，实为战国以来诸子学术发展之总结。然此篇虽于汉师礼说与西周旧典之异同论之綦详，而于此新儒家出入百家之故则犹未暇论及。后集《儒学五论》及撰《孔子与今文学》时，始略论"儒分为八"，即儒家之出入百家者，八儒之书，多存传记，汉师言法夏、法殷、制备四代即新儒家之有取于诸子（本欲详论之而未果），故西汉师儒本有歧义，称制临决，乃趋一致。至于刘歆，乃创古学，而称已先立学官者为今学，而今、古学之纷争乃起。于是知廖、刘二师推今、古之歧异至于周、孔皆非情实；章氏言今、古止为汉代之学固是，然其离汉师于先秦又未必是也。余沉思今、古事，历久不得通，走于四方，博问故老，亦未足祛其积惑，旁稽子史，间有会心，乃渐以得解，然前后已逾四十余年，甚矣为学之难也。

读宋明理学书，不能当作是学知识，而要当作是学道理，读时应顺着书中所说去体会其道理，要在能懂，不可求快。初读时宜读选本，周汝登《圣学宗传》、孙奇逢《理学宗传》都可（《明儒学案》每家分量稍重，《宋元学案》更重，不宜初学），能读懂哪家，能理会其道理者，不妨多读几遍，然后再读全集。通一家后，再如前法选读他家。总之，选自己有兴趣的、能读懂的来读，而不要勉强硬读，只有这样读，才能真有所得，才能做到"心知其意",深刻理解。不入虎穴,焉得虎子。不能深刻懂得古人何所道,是谈不到分析批判的。

读中国哲学,切不可执着于名相,因各人所用名词术语常有名同而实异者,故必细心体会各家所用名词术语的涵义,才能进行分析比较。如果内涵不清,仅就名相上进行分析,皮毛而已,是不着实际的。

顾栋高《春秋大事表》是一部好书,我写《周秦少数民族研究》,基础就是这部书,很多现象它都看出来了,材料也提出来了,就是没能把问题点透,缺乏系统。我只在这基础上前进了些,增添了些后起之说。

几十年来,无论是讲课、写文章,都把历史当作哲学在讲,都试图通过讲述历史说明一些理论性问题。唐君毅说:"你每篇文章背后总觉另外还有一个道理。"丁山说:"你每篇考据文章都在讲哲学。"这虽显有推崇之意,却也符合实际。

讲唐史以《通典》最善,讲宋史以《通考》最善。

因为它们都是通史，从知汉、晋，以知唐、宋。正史局限于一代，不知古，亦不能知今。两书都是有所为而作的私史，不比虚应故事的官书。吕伯恭最为知古，但他言古必及今。陈君举最为知今，但他言今必自古。必须通观，才能看得清历史脉络，故必须搞通史。但又必须在一段上有深入功夫。只有先将一段深入了，再通观才能有所比较。要深入一段，最好选在唐以后，因其史料较为丰富。

高齐时尊世族，如卢、李之流，而又专任鲜卑，汉人不得为兵，民族矛盾较大。而宇文泰入关则未形成世族，且多用汉人为兵，民族矛盾较小，故能自弱以渐强，进而灭齐，又进而弱梁、陈，至隋而成一统。

《册府元龟》纂于北宋，其中溢出正史之材料至多，特以六朝、隋、唐、五代多世所不见者，可补史缺。但其书系分类编辑，类别虽细，亦不尽合今日所需，故不可仅根据类目查检，而应普遍查。《通鉴》自六朝以下，亦多溢出正史，《册府》当与相若。伯希和、沙畹等立论多取材《册府》。

嘉庆《四川通志》据正史列蜀人名氏，不见于正史者则多佚而不载。刘鉴泉据宋人文集录出多人。然刘所见宋人文集有限，《四库珍本丛书》即所未见，故可于刘所见集外更补集之。他如《舆地纪胜》《寰宇通志》均记有蜀人事，亦可用以补之。

宋有历朝实录、国史，李焘《长编》所引至多。元初修宋、辽、金三史，为时不过二三年，实非修史，乃抄史耳。故《宋史》应基本上保存了宋国史的原貌。可用《长编》互校，《长编》称"本传"者即国史之列传，称"本纪"者即国史之本纪，可用以考校究竟保存多少国史的原貌。

《周官》一书貌似规模宏大，职官分明，故后世有"周公致太平"、刘歆伪造之说。然细究其实，亦殊混乱，如选举不尽属大宗伯，军事不尽属大司马，冢宰所主则多为王朝内府之事。若再细审之，则各官职分之重复者亦复不少。可见其实非系统完整之理想制度。至其所反映之社会制度亦与战国以后之实况不合而颇与西周相符（别有专文），皆可证其为就旧日之档案整理而成者。

言汉学，必先明其家法，然后乃能明其学说，又必跳出家法，然后乃能批判其学说。如惠栋是懂家法的，张惠言之于《易》，庄存与之于《公羊》，都可说是明于汉学家法的。戴东原却不懂家法，近世之崇戴者，也多不懂家法，故虽大讲汉学，而实多梦呓。

章太炎颇推重孙诒让《周礼正义》、黄以周《礼书通故》二书，然二书路数则不同。孙为汉学路子，纯宗郑玄，然信之太过。黄以周则不纯为汉学，也讲宋学，以宋学方法讲汉学则时有臆说。然其书又多用林昌彝《三礼通释》，而其下结论则较林为精，林书则为《五礼通考》路子。

　　唐人学术气度宏大，偶失之粗疏，而宋人学术深细。宋人读唐书，见其粗疏多失，起而纠之，自然趋于深细，如《元和郡县志》即多失，宋地理书则多所是正。

　　唐之骈文形成四六，唐之诗形成格律，佛学则有科判。看来总有一个架子。

　　任何思想总是时代的产物，是根据各时代的问题而提出的。时代一过，形势变了，这种思想便失去其意义，便消逝了。

　　魏晋的佛学，完全是印度佛教与中国思想相结合的产物，故与印度之佛教异。唐人觉其非印度之教义，玄奘亲往印度求法，所取回者为真印度佛教，但与中国条件不适应，再传之后遂绝，而所流行者则仍为中国化之佛教——天台、华严等宗，及至禅宗出现后，与中国思想之结合愈紧密，而竟完全取代前此佛教各宗。

　　孙明复讲《春秋》大一统，盖针对唐末五代之藩镇割据而发，故其说得以不胫而走。胡安国《春秋传》大攘夷，则就南宋形势言之，故其书终宋之时代三传行世。

一个学派总是有自己的理论，清代汉学的理论何在？而汉代学术，无论是今文家或古文家，都是有自己的理论的。戴震、焦循虽有理论著作，而又和他（自己）的整个学术脱节。所以，清代汉学到晚期非变不可，不变便没有出路。

大学以上的学生，主要是学方法。在听课时，应跟着先生的逻辑思维的发展而发展，体会先生是怎样思考问题的，不应要求先生跟着学生的逻辑思维走。假如那样，学生还学什么？

写一篇文章，总要经得起时间考验。一篇稿子写好后，最好放个二三年；能经得住二三年的考验，再发表也不晚。在这段时间也可作些补充修改，使更完善些。

明代学者所见古文献远较清人为多，他们常常把这些佚文辑为一帙，刊刻流通。但由于他们在方法上不谨严，常有杂凑窜改之事，故清人常以伪作视之，而不屑一顾。实际上这些东西常常都是有根据的，若能有分析地加以使用，是可以化腐朽为神奇的，如明代所传沈约注《竹书纪年》就是一例。

古史辨派兴起后，学者们常常爱说这是伪书、那也是伪书，先秦旧籍《诗经》而外几乎无非伪书。但是，说是伪书，总得找出它作伪的原因。若找不出，是不足服人的。先秦文献不能也不必确指为谁所作，这些作品在流传中又常常都有窜改、增补，但其主体仍不失为先秦旧物。如《尚书》的《尧典》《禹贡》，若谓其为虞、夏时作品，当然不对，但必谓其创于战国晚期则又未必。其经过辗转传绎的痕迹还是较为清楚的，"若稽古帝尧"，就表明是后人的口吻，但文章的基本内容应当还是远古相传的。

《叔孙通传》：二世召博士诸儒生，问楚戍卒攻陈。"博士诸生三十余人前曰：'人臣无将，将即反，罪死无赦。'"臣瓒曰："《公羊传》曰：君亲无将，将而必诛。"知臣瓒意前对者以公羊学为秦博士也。《史记正义》（《会注》本）引《陈留风俗传》云："园庚，字宣，明《公羊春秋》，为秦博士。"园又作圆、作辕，岂辕固生之先欤！是此博士三十余人而对者，盖辕宣等也。即商山四皓之一。见《史记》之《索隐》《正义》。

《韩非》言："管仲毋易齐，郭偃毋易晋，则桓、文不霸。"知齐、晋霸制，更张周礼。成齐桓之法者管仲，成晋文之法者则郭偃也。《商君书·更法》征郭偃之法曰："论至德者不和于俗，成大功者不谋于众。"则郭偃所倡议，商君变秦法征此二语，肥义主胡服亦征此二语，知其影响于后来者亦巨矣。而班固以为晋文公作被庐之法，求之《左传》，云以民未知礼，于是大蒐于被庐以示之礼，作执秩以正其官。《晋语》言："随会聘于周归，乃讲聚三代之典礼，修执秩以为晋法。"被庐之法，正文公事，当即郭偃之作。曰修执秩为晋法，曰作执秩以正官，斯郭偃所作，随会修之，亦五官之法也。

《左》桓二年传：孔父嘉为司马，督为太宰，遂相宋公。知春秋初年，固宋之太宰实尊。僖九年传：以公子目夷为仁，使为左师以听政。宋之以左师听政，似自目夷始也。文七年传：于是公子成为右师，公孙友为左师，乐豫为司马，鳞矔为司徒，公子荡为司城，华御为司寇，六卿和公室。后人以此为宋恒制，实有未然。成十五年传：于是华元为右师，鱼石为左师，荡泽为司马，华喜为司徒，公孙师为司城，向为人为大司寇，鳞朱为少司寇，向带为太宰，鱼府为少宰。然则六卿者以人言，非以官言也。僖二十二年有大司马（又文八年），昭二十一年有少司马，二十一年有大司徒，则宰有太宰、少宰，司马、司寇有大、少，师有左、右，其事一也。岂以文七年、哀二十六年两传而决宋之制为此六卿哉？前有华督为大宰，襄二十七年有皇国父为大宰，继宰于宋，六官之外，讵为完说？华元曰："我为右师，君臣之训，师所职也。"文公以来，宋恒以右师叙官首，以其恒为正卿也。襄九年则乐喜为司城以为政，哀二十六年传曰：司城为上卿，昭以后叙宋官而左师恒居第四，是亦先后时有变易，何常之有？左右师之职，即宗伯也。宋之制最于周为近，倘以王者后耶？唯时有左、右、大、少副式之置，宰、师、司马、司城番为正卿无恒尊，则其以时变易者耳。

《公羊》家张三世之义："于所传闻之世，见治起于衰乱之中，故内其国而外诸夏。于所闻之世，见治升平，内诸夏而外夷狄。至所见之世，著治太平，夷狄进至于爵，天下远近小大若一。"此经义之三世著见于《公羊》。而三世之实义，宜求之于《左氏》。盖三世固史义也，《春秋》为鲁史，隐、桓之世，郑、宋、陈、蔡、齐、卫诸国盟会战伐，其休戚动与鲁关；至北之晋、南之楚、西之秦，见《左传》《秦记》（《史记》）者灭人之国已多，《春秋》悉不之记，以于鲁固无所影响，则内鲁而外诸夏可也。齐、晋相继作霸，合诸夏为一以抗夷狄，则诸夏与鲁皆为内而夷狄为外者势也。吴以夷狄而有忧中国之心，黄池之会实为主盟，则《春秋》虽欲不进夷狄不可得也。是三世异辞即源于鲁人国际关系之扩大。鄄之会为齐之始霸，此所闻世、传闻世之断限也。黄池之会则所见世、所闻世之断限也。《繁露·奉本》云："杀隐、桓以为远祖，宗定、哀以为考妣。"又《繁露·楚庄王》云："昭、定、哀，君子之所见也；襄、成、文、宣，君子之所闻也；僖、闵、庄、桓、隐，君子之所传闻也。"董氏已自二说不同。邵公唯取后说，安在前说即非？颜安乐断自孔子生后即为所见之世。旧疏引郑氏云："九者阳数之极，九九八十一是人命终矣，故《孝经援神契》云：'春秋三世以九九八十一为限。'"公羊先师三说不同，以《左氏》史实求之，理或有当，而三世断限若可定也。

周秦性道之辩不议空、有，自印度思想入诸夏而六代论空、有者纷纷。释氏之徒以空自高而斥儒为有，儒之愿者亦以有自诩，而斥释氏之空、老氏之无。于是儒堕负而不可救也。唯孙盛作《老聃非大贤论》，以为"中贤第三等之人，去圣有间"。其曰："崇无既失之矣，崇有亦未为得。"超有、无以立论，自能深契周秦儒家之旨，其度越时流远矣。盛又作《老子疑问反讯》曰："《道德经》云：常无欲以观其妙，常有欲以观其徼，此两者同出而异名，同谓之玄。因谓宜有欲俱出妙门，同谓之玄，若然以往，复何独贵于无欲乎？"据《老》以折无，泂千载之神解也。自顷欧洲思想入中国，以唯心、唯物之论张，以唯物自夸者，恒斥中国旧说为唯心。兹二者诚无独有偶、相映成趣。乃今之学人亦颇有以唯心自诩而斥唯物者，使安国（孙盛）处于今日，知必超心、物以立论而会其同，所应反讯者奚止十数端哉！吾知今后必有孙盛其人，拭目俟之也。

卫恒《四体书势》言："秦时李斯，号为工篆，诸山及铜人铭，皆斯书也。汉建初中，扶风曹喜善篆，小异于斯，而亦称善。邯郸淳师喜，略究其妙。汉末，又有蔡邕善篆，采斯、喜之法，为古今杂形，然精密间理不如淳也。"所谓"采斯、喜之法，为古今杂形"，意未易解。然考之斯书，今存琅琊刻石，存《汝帖》者有芝罘刻石，最不失真。汉魏刻石中开母阙、三公山碑，即出于此。曹喜书不能见，世传党怀英摹曹喜书《大风歌》，虽非真，宜有所仿。韦续《五十六种书体》言："悬针篆，曹喜所作，有似针锋，因而名之，用题五经篇目。"按《大风歌》即悬针体也。卫恒云："魏初传古文者出于邯郸淳，至正始中，立三字经，转失淳法。"三字石经有两种体势，今称为字品者更佳，与悬针《大风》之意合。钟鼎文字体非悬针，石经古文为悬针者，正淳法也。然则卫恒所谓采斯、喜之法为古今杂形者，今谓斯法、古谓淳法也。斯法以间理为趣，古法以精密见称。今邕书亦不可见，唯汉碑额中时有此法，如景君碑额、尉氏故吏碑额是也。自张惠言始以汉碑额为篆法宗，赵挦叔颇有所辑，惜未知碑额篆法应以蔡邕古今杂形求之，以精密间理为书题也。

《管子·心术上》言：道在天地之间也，其大无外，其小无内，故曰不远而难极也。《楚辞·远游》亦言：道可授兮不可传，其小无内兮其大无垠，无滑而魂兮彼将自然，壹气孔神兮于中夜存，虚以待之兮无为之先。凡此皆形容道体之辞，后来儒者恒用之，而实则此语为源于名家。《天下篇》惠施曰：至大无外谓之大一，至小无内谓之小一，无厚不可积也，其大千里，大同而与小同异，此之谓小同异，万物毕同毕异，此之谓大同异。名家、道家旨各不同，倘言道者借用之耳。名家言之为一种概念，道家言之则为一种实体，以概念为实体，此其所以每恍忽而不可究诘者也。

曩偕余杭章先生游无锡，小住三数日，几于无所不论。一日谈次，先生论及孔、佛优劣，谓："孔子不过八地菩萨耳，未易与释伽齐量。"余请其所以，先生曰："孔子不解阿赖耶识。"余举慈湖之言以问：慈湖谓"目之出色，耳之出声，鼻之出香，舌之出味，心之出物"，因问慈湖解前六识否？先生曰然。但宋时佛家书未尽亡佚，杨氏殆犹及见。余复举阳明事以问：弟子有问天地万物一体义者，阳明指道旁冢曰："此人既死，此人之天地万物安在？"阳明解第八识否？先生曰然。余复举象山言："宇宙即是吾心，吾心即是宇宙。"此是第八识否？先生曰然。余曰：孟子言"万物皆备于我"，宜亦第八识也。先生慨然曰："孔子固解阿赖耶识也。"余请教于先辈者多矣，毋固毋我，未有如余杭先生之可感者也。

孔子、孟子都是维护贵族世卿政治的，文王治岐，

"仕者世禄"，贵戚之卿，"君有过则谏，反复之而不听则易位"。尊君权是法家的特点。《公羊》家才有讥世卿之义，荀子也反对世卿，都是受法家影响。但荀子反对世卿而不反对世禄，也还有旧影响。荀悦说《春秋》讥世卿不改世侯，汉世又才有抑世侯的主张。

汉初儒生议论风发，是一代新儒的表现。到这一议论逐步定型，也就无所用其改制理想，于是经学舍传记而入于训诂、考据，于是古学渐兴，而以经学为历史，理想之途抑而不行。他们的理想也还只是今文家所定型。

春秋时言私家财富以车马数表示，而战国则以粟、田表示，这反映了社会的变化。

《汉书·地理志》每存异说，如沮、汉原为一水，班固则并存二说。

给周秦诸子作注是不容易的。汉和晋、唐诸子书存在尚多，注诸子也较易找到根据，但实又大有高下之分。魏晋间哲学盛些，郭象注《庄子》，"誃髁无任"是"不肯当其任而任众人，众人各自能，则无为横复尚贤也"，这是贯通了诸子各家学说，才能下语如此精当。《齐策》"齐人见田骈曰：闻先生高议，设为不宦"，正是不肯当其任而任众人之意。汉人不留心于名理之论。高诱注《吕览》"陈骈贵齐"，以"齐生死，等古今"来解说，就不免差之毫厘，失之千里。中唐人虽究心哲理，但又不及晋人，如杨倞之注《荀子》，却又比高诱好一些。一个人的学问总是和那个时代分不开的。

《中庸》说："庸德之行，庸言之谨。"庸就是同乎平凡人。"夫妇之愚可以与知，夫妇之不肖可以能行"，这样的行，才是真理所在。庸未必即合乎中，但中是必须基于庸的。不合乎庸，也就是行不通的。

魏晋南北朝的史学极为发达，著述极富，但在唐后零落几尽。清世辑佚之风虽盛，但所辑多为经部诸书，史部所辑者甚少。苟能将魏晋南北朝史部诸书辑出，以考见当时史学之盛及其与当世政治、清谈、民族的关系，必大有可观。

米丁《辩证唯物论》，批判"石子亦有思想"，批判是对的，但必先懂得"石子"如何"亦有思想"，才能批判得深、批判到点子上。如今能有几人真正懂得"石子亦有思想"？

读书不仅要从文字记载中看出问题，还要能从不记载处看出问题。不记载也从另一个方面反映了问题。

班兹的《新史学与社会科学》一书写得不错，比之只知以考据为史学者高明多了。初学者读此有益。

教书，即使是教中学，也对做学问大有好处，我就教过八年中学。平时读书中遇到细小问题，常常不予注意，疏忽过去，而教书就不行了，教中学就更不行了。细小问题也必须要注意、要搞清楚。自己搞不清楚，如何能把学生教清楚！这样就养成读书要细致的习惯，莫嫌其细小，常常也会给我们提出一些重要问题。

《吕览》《淮南》《管子》三书都是黄老派，而又有其差别，这也还是北方、南方、东方三个地区三派黄老，当然《管子》高些。《管子》已详于制度，下开今文学。《庄子》也是部丛书，但终是以南方派为中心，与黄老无关。所谓黄老派，不是先有黄老学，田、慎、尹、宋再去治黄老之学，而是稷下互相影响，才形成这一派，汉代才称他们为黄老学。不是道家而杂取各家，是各学派的人合流而形成黄老学派。以前只看出黄老派与杨朱之关系，现在看出与墨家也有关系。

战国诸子百家都各有其精深独到的理论，但百家争鸣的结果，到汉代是儒家取得独尊的地位，儒家能战胜百家而取得独尊地位，当然绝不偶然，这应当到当时儒家——主要是今文学家的思想内容中去找原因。近世学者或不此之求，而仅止看到今文学与阴阳五行合在一起，似乎汉代的新儒家就是以阴阳五行、谶纬神学与儒家思想相结合为特点，硬把今文家与欧洲中世纪的宗教神学相比傅。其实，这并不符合事实。前在《经学抉原》中，专门有《内学》一节，就曾指出今文、古文两派都有信谶纬的，都有反对谶纬的，谶纬和儒学各有其传授师承，本不相混。翼奉、京房、夏侯始昌诸人，《汉书》别为立传，正是此意。董仲舒、何休是《公羊》家，讲阴阳灾异，但《公羊传》《穀梁传》并不讲阴阳灾异。张苍、贾谊、刘歆传《左传》，讲五运，但《左传》并不讲五运，显然是应该区别对待的。清末康有为等借今文学以言变法，今文学成了君主立宪的工具。孙中山、章太炎主张民主革命，反对君主立宪。章太炎、刘师培对立宪派的根本理论进行批判，指责今文学家讲阴阳五行，这是可以的，是有进步意义的，是政治斗争的需要。其实，康有为的学说中又有多少阴阳五行呢？清代今文学家如庄存与、刘逢禄、宋翔凤、张惠言、惠栋、龚自珍、魏源、陈寿祺、陈立等等都不谈阴阳，但他们无不被后人认为是今文学家。即以今文学讲的阴阳五行而论，也不应只看皮相，而要透过阴阳五行看到它骨子里究竟是些什么，有没有什么意义？犹之中医，不能只看到它讲阴阳五行，便说它不科学而把它否定掉。不正视今文学家的政治、哲学思想，而只抓住阴阳五行等表面现象，是抓不住今文学的实质的。今文学别有个精神，就是"革命"。

老子、孔子之学（实指黄老和西汉今文学）何以在汉代战胜百家之学，这是一个大问题，从这里看孔、老，似乎比专就孔、老哲学思想看，更有着落。衡论学术，应该着眼于那一时代为什么某种学术得势，原因在哪里，起了什么作用，这才是重要的。只从现代的观点来衡量、批判，脱离了历史，便成了空论。论宗教也须如此，多从作用论。论作用也不能只谈为统治阶级服务，哪有不为统治阶级服务的学术和宗教？只看到这点是不够的。儒家（今文家）之战胜百家，就在于它汲取了百家之长；道家（指黄老）也是这样，正是杂家胜利了。司马谈所言正是说明汉初所谓黄老是什么，这也说明了《吕览》的主旨所在。到《淮南》就和《吕览》精神不同。虽然《吕》之精不如《淮南》，但合于一世之用则高于《淮南》。

在讨论彝族史稿时，突然想到庄蹻王滇一事可疑，经检书证明无有此事。初写两千余言，此文虽短，但颇自爱惜，自觉写《汉潕亭考》以来，心思益精。柳翼谋常说我考据超过清人，往时不深信此语，近渐觉确有过前代经师处，大题如论诸子、儒、道，小题如论巴蜀二江，都有此趣，下笔庶乎不苟。

搞断代史不搞通史常常不易准确把握一代的特点。近世之论明代资本主义萌芽者，所举例证常常是明以前早已存在者，不仅有见于唐、宋者，而且有见于汉代者。

周官有"贾田"，唐行均田，商人也授田，只狭乡不授，这说明相当长时期的商人多数是不脱离农业生产的（当然也有少数脱离），所以唐的两税包括商税在内。

周以下的关市之赋是过往行人都收税，不纯是商品税。隋制入市人一钱，宋坊场河渡连称，就是行路也有税，其意义和关市之税一样。宋代虽有过税，但不见过税的重要性。到清代的关卡，就纯是商税过税了。

汉代手工业如盐、铁盗铸这种大规模协作的手工业，其中的劳动力也不少是不脱离农业的，所以在春耕期间诏禁"聚庸山泽"。杨可告缗钱，犯者"没入田、僮"，得民财物以亿计，奴婢以千万数，田"小县百余顷，大县数百顷"。这些拥有"田、僮"的工商之家，显然也是没有脱离农业的。

历史上国营手工业作坊，是政府与人民争利，是攘夺。封建前期的劳动力是征调；到唐，部分是和雇，宋是和雇和厢军并行。这是前后的变化。到元、明的匠户，是蒙古落后制度而明沿袭之，不是历史发展的正常情况，而是有它特殊的原因。均输是政府攘夺商业的利益，汉、唐都行之有效，到宋就无法推行，应是由于商业有了新发展，内容复杂起来，政府也就无法经营了。

屯田是政府用地主租佃方式剥削农民，这一方法从曹魏到北朝、隋、唐是行之有效的，开元时最盛行（九百九十余处）。但从建中以后到宋代，屯田无利可图。这是农业普遍发展，而国家屯田不能竞争，与农民相比了。

封建社会主要是地租和高利贷两种剥削，唐王朝把二者都作为国家重要收入。公廨田、职田数量也大，可由公廨钱、俸钱等数目推知。公廨钱到六百余万贯。初由国家经商，后来完全是高利贷。隋朝最富，《通考》说不知所以致富之由。从唐来看，唐的一切都从隋来，只是隋的记载不详。唐的剥削最繁重，多为后人所忽略，它超过租庸调应在二倍以上。唐、宋不能与汉比，唐剥削重，故政府积累多，而民间实困，因此唐始终不安定。武则天时，人民已开始流亡。开元初年宇文融括逃户约八十余万。逃户这样多，就可见不是家给人足了。《通典》说：开元、天宝之间，诛求"名目万端，府藏虽丰，闾阎困矣"。可见唐剥削之繁重。马总《通历》说隋文帝亦侈靡王君，与《隋书》不同。宇文融括逃户，陆宣公盛称之，《唐书》则以为聚敛。《通鉴》称道府兵，而不见于《唐书》。大凡历史不可拘于正史，当时人的议论，从多方面考虑，还更有理据些。正史多据实录，常不足信。《通考》《通典》从通史眼光看问题，比断代史高明些。唐本不如后世估计那样富，是统治者"聚敛万端"而"闾阎大困"的富，宋也不如后世所估计那样贫，而是统治者浪费太多以致国库空虚而贫。

看历史，应从先后不同的现象看其变化。有些人讲资本主义萌芽，所举明代现象常是明以前早已存在的现象，这不能说明历史的发展变化，只有说明历史没有发展。如明嘉靖时官营手工业中停止征调工人而用雇佣，这就是个变化。且还形诸诏令，规定民间雇佣月值，更说明雇佣已是社会较广泛的现象（凡史料中如疏奏诏令之类是重要的，数字也是重要的）。中国历史上的社会经济问题，只宜拉通来讲，才易看出变化，分在每段来讲，就不易比较了。

唐代户口平均十户六十口，《通考》以为是父母在不许兄弟异居，实不然。唐实际最多每户不超过五口，可推知唐代六分之一的人口可能是部曲客女等。

《禹贡》说蔡、蒙，《山海经》重视崌山、崃山，这说明临邛在古代的重要性。秦时只城成都、郫县、临邛，秦移民也止成都、临邛。临邛早就产布、盐、铁，汉时有盐官、铁官，说明其经济较发达，地位较高。后来雒县重要起来（说广汉是一州之中，而不说成都是一州之中），再后绵竹（指德阳）重要起来，最后涪也重要起来，说它是"水陆四通"。公孙述起临邛，刘焉初居绵竹，都与其地的经济条件有关系。唐初东川节度使驻涪，后移梓州。梓州与成都并重，一直到北宋。到南宋及元时，重庆才渐重要起来，所以明升、玉珍父子才都重庆。从前我只能从纵的方面看出四川历史的三盛三衰，现在才看出，还须自横的方面看，每个时期各地的发展还有不同。

朱遏先论《蜀王本纪》有八云云，我意常氏《序志》说八家"各集传记，以作本纪"，此必不然。八家当皆各自有书，安有八家之书皆称"本纪"之理？隋、唐志只著录扬雄《蜀王本纪》一种，知余七家之书皆亡，仅存此耳。今所见扬书，皆从唐、宋人书辑出，知其同出一书。至于文字异同，书名省略，唐、宋引书皆如此。即引《华阳国志》亦多异文，显然不能认为有不同的《华阳国志》。至于同一事而所记不同，如子规之说，朱氏只据《文选注》引与《御览》引文异，遂认为两书，其实《寰宇记·益州》下引文与《路史余论》引文（此二段严、洪皆未辑入）后皆著不同之说，一称"或云"，一称"一云"，知《本纪》原文即著此不同之说。又如"武都人有善知蜀王者……王心爱其女，留之"，与"武都丈夫化为女子"，诸家辑本皆别为两事，唯《御览》八八八卷于后一事之首有"或曰"二字，知《本纪》原有附著异说之例，而实一事之异说耳。唯此《蜀王本纪》不必为扬雄之作，但必为两汉之作，以常志十九皆依《本纪》之文，而终于"宣帝时穿临邛盐井二十所"。今各本《蜀纪》佚文亦终于此事，知《蜀纪》一卷而大体皆存，虽认为完书可也。此本细事不足言，以有关研究方法，故谈之。

（《宋代商税问题》补论）市与关的区分是重要的问题，前期是市税（住税）占主要比重，而关税（过税）些微；后期（雍正后）市税全停，而占主要的是关税。市税、关税，我在文中没点醒，须适当补几句。我在文中把市税都抹杀了，这是须改正的（就是把杭州、成都市税估计低了）。小区域内的市场交换，在名词上，古人也把它叫作"商"。但这种商业行为只是生产者与消费者的直接交换，而交换的商品也多不是商品生产的产品。封建社会中像盐、茶这类东西无疑是商品生产，而贩运者也是专门从事商品流通的商人。但茶、盐的税收却不在商税之内，而另为一项。明成祖时"商税事例"（永乐六年）的商品仍很简单。宋代的坊场钱之多可与商税数字相比。商税数字中市场交换税占得多，商品流通税占得少，是可以肯定的。成都十万户应有五十万口，它的消费大，商税当然应高一些。小区域内的市场交换是自然经济下的交换，商品流转才能是商业经济。少量的商品生产和少数的商品流转在自然经济下当然也存在，但绝不占主要地位。

历史上因水旱之灾或战争破坏，都会出现大量的流民，但因各历史时期社会情况不同，而流民的性质有所不同。汉代流民转徙他方，一般多为人雇佣，故有"流佣"之称，俟有条件即返回故里。如安抚不善，则易爆发为农民起义。在晋代情况有所变化，这些流民中多有豪族从中控制，从而形成一股力量。如六郡流民之就食汉川，其中就有六郡之豪和氏叟侯王。三蜀流民之入荆襄十余万户，以杜弢为首，据弢与应詹书，不难知其为豪族士人。这两个流民集团，都因与官府矛盾激化而爆发为武装斗争，但其性质则非农民起义，是很清楚的。《晋书·地理志》载桓温灭蜀以后，以巴汉流人立晋昌郡，领十县，刘宋时析为魏兴、新兴等郡。《地理志》亦言其本"蜀郡流民"，都在杜弢之后，也不关北方民族南入中原事。此侨置郡县而李、杜流民集团不侨置郡县，当以李、杜后皆反抗王朝之故，此之侨置者以其支持王朝之故。此等流民当是豪族控制下之流民集团。几次实行"土断"也都与流民有关，可知侨郡县之置，是为了豪族，为了王朝，而不是为了流民。由此也可推知晋、宋所侨置的州郡、县都是这个情况。但到宋朝，情况又有不同。在金人南下以后，中原人民之流亡而南迁者数量也很大，但已不再见到晋、宋时期的流民集团，也不再见侨置州郡了，也没搞过"土断"之类的事，正因宋时已没能在流民中起控制作用的豪族世家了，也就是地主阶级对农民的控制削弱了。仅从晋、宋间流民的情况也可以看出前后社会的变化。

《货殖列传》卓氏、程郑、刁间之流，所用都是僮奴；杨可告缗所没收者也是田、僮（土地和奴隶），正说明西汉是有用奴隶进行生产的。则《货殖列传》所谓千树枣、千树栗、千树橘、千亩漆、千亩桑、千亩竹、千足羊、千足彘等等之类用集体劳动来经营的生产，也应当是使用奴隶进行的。

曹操在搞水利之后，才能搞"与官中分"的屯田，这是采用地主对佃农的剥削方式。从曹操的事来看，只有良田和水利可靠的地方才能行屯田，可以反推两汉时能行租佃剥削的地方不多，到曹操行屯田，租佃剥削才大量施行，也就是封建制的形式，看来六朝才进入封建社会的说法是有道理的。

一般都说道家是没落阶级的思想。汉王朝是新兴阶级的政权，而黄老之学却在汉初受到统治阶级的重视而大盛，这是殊为值得注意之事。道家中原有部分是齐人，有部分是楚人，齐人田骈之流（捷子、慎到等），"贵因"是其中心思想。司马谈说，道家以虚无为本，以因循为用，因时为业，因物与合，都是专注意客观条件。北方道家杨朱之流不肯拔我一毛而利天下，所谓"我"即指主观。才加主观一毛，即足以害天下。杨朱非不治天下，而是反对以主观为治。《庄子·天下篇》说田骈、慎到"无建己之患，无用智之累"，就是反对主观，反对唯心。处士横议，百家争鸣，从道家看来都是"建己""用智"，不符合客观实际，故"泠汰于物，以为道理"。司马谈说："实不中其声（名）者谓之窾，窾言不听，奸乃不生。"就是要名实相符，实事求是。这是黄老之学，不是庄子之学。

近几十年或百年来，几乎无学者不讲孔子，但不论是反对孔子的还是推崇孔子的，似多不知孔子中心思想所在。《论语》载："子曰：'予欲无言。'子贡曰：'子如不言，则小子何述焉？'子曰：'天何言哉，四时行焉，万物生焉，天何言哉？'"又载子曰："吾五十而知天命。"韩愈认为，孔子之道传之孟轲，"轲之死，不得其传焉！"韩愈所说传与不传所指为何？从《原道》看，韩愈着重强调的是：夏葛而冬裘，渴饮而饥食，这就是指事物的自然法则。宋儒讲孔子，就是抓住这一点。朱熹认为孔子所谓"四时行焉，万物生焉，天何言哉"是说"四时行，万物生，莫非天理发现流行之实，不待言而可见"。又认为"五十而知天命"的"天命"是指"天道之流行而赋于物者，乃事物所以当然之故也"。在对孟子发挥孔子这一思想的解说时，宋儒的看法就更为明确具体。《孟子》载："《诗》云：'天生烝民，有物有则，民之秉彝，好是懿德。'孔子曰：'为此诗者，其知道乎？'故有物必有则，民之秉彝也，故好是懿德。"朱熹注："物，事也。则，法也。"陆象山弟子杨慈湖最重视《礼记·孔子闲居》中孔子说"天有四时，春秋冬夏，风雨霜露，无非教也。地载神气，神气风霆，风霆流行，庶物露生，无非教也"一段，这与孔子物则之说相同。陆象山说得更明白："人为学甚难，天覆地载，春生夏长，秋敛冬肃，俱此理。"他们所说都是孔子对于自然界的看法。孔子认为天地事物有其自然规律，人应当遵循这些规律。两千多年前，孔子就能够认识到这一点，把天视为自然，与当时一般人把天视为万物主宰的看法迥然不同。这是动摇天地鬼神有灵的看法，不能不说是孔子思想中的进步方面。"有物必有则，民之秉彝也，故好是懿德"，是孟子对孔子看法的具体化。朱熹注："有物必有法，如有耳目则有聪明之德，有父子则有慈孝之心，是民所秉执之常性也。"自然界有其规律，人也有其规律，人之有好、恶，就是自然规律。孟子说："形色，天性也，唯圣人然后可以践形。"段玉裁在释"仁"字时曾以医书之说来理解，如桃仁、杏仁的"仁"，是可以播种再生的。关于"性"，未尝不可仿段氏释"仁"的方法，照医书的理解，每种药物均有其性，它决定了该一药物之药性，而人也是有人的性的。孟子说"形色"就是人的"天性"，但要圣人才能尽其性。形色之性，就是自然规律。《大学》讲得很好："所谓诚其意者，毋自欺也。如恶恶臭，如好好色。"人之"恶恶臭，好好色"是人们的自然天性，用不着思虑就自然表露出来。这岂不是和药物的性一样是不可移易的吗？孟子说："鱼，我所欲也，熊掌亦我所欲也，二者不可得兼，舍鱼而取熊掌者也。生，我所欲也，义，亦我所欲也，二者不可得兼，舍生而取义者也。"这都是以"欲"而言，人欲生而恶死，是人之常情，但二者不可得兼时，孟子则认为或择大欲或择小欲，或从大体或从小体，都是人性，但或尽其性或不尽其性。既诚其意，就不能自欺；不应当做的事，骗别人或许是骗得过的，但却骗不了自己。这就是《管子·心术》说："心中又有心。"这个心中之心，就是人的本性。它是指导人们言行的最后指针。孟子对人性的看法是源于孔子的。董仲舒对孔子的看法有些怀疑，他把人性比作禾、比作卵，把善比作米、比作雏。他说禾可以为米，卵可以出雏，但禾不是米，卵不是雏。他认为人的天性是可以为善的，但须有圣人之教。韩婴的看法比董仲舒深刻，韩婴认为禾虽不是米，卵虽不是雏，但禾必然成为米，卵必然孵出雏。韩婴是理解到了人性的规律的。宋儒在讲人性时，是认识到孔、孟学说的意思的，但却有先天论的倾向，而韩婴则有发展论的看法。孟子言养气是重视发展，孔子言性近习远，也是说有待于发展。自宋儒以后，明末清初的陈乾初还讲得好些，他讲性善时发挥了发展论的理论，比宋、明儒者所讲人性的理论要深刻得多。陈乾初说："庶民皆天之所生，然教养成就以全其性者，圣人之功也……非教养成就能有加于生民之性，而非教养成就则生民之性不全。"陈氏又说，"孩提少长之时，性非不良也，而必于仁至义尽见生人之性之全。"陈每以见性言，正以工夫非于性有加，性虽善而工夫有敬肆而所见有浅深，性即善而见不彻耳。然"经霜性始全"诚同于孟子，何如以远近见山不同为喻，为无有加于性分之疑乎！要之，性者心之性，尽心正所以知性，知益彻而性益显，即曰谷之性受霜而全，亦未有碍。

关于宋代商税主要有两个问题：一是商场问题。宋代坊场钱（即村墟中的集市）与"商税"数相等，商税务也多数是在县镇，看不出城市的市场税和过境税。自明宣德以后，始立钞关，重在关市的过境税了，而县镇村落的"商税"逐步不占重要地位。到清雍正，落地税就只征县以上者，县以下全免除，"商税"地位就更下降了。后来的百货厘金（统捐）才是大量商品流转的反映，和宋以上者全不相同。唐初，商人也授田，行两税时，商税即在两税之中，后来才独立。这些算什么商人，又是什么商品？从明宣德到雍正的变化是雇佣在这时也开始盛行，法律上已确定雇佣的地位，显然是资本主义萌芽。二是商品内容。从《通考》《续通考》和《宋史·食货志》看，明以前征税的对象非常琐屑，凡鸡、鹅、柴、炭、瓜果、菜蔬，以及日用之物、年节礼物、嫁娶妆奁，莫不收税，所以重在坊场县镇。明以后渐次免除这些琐细物类的税，真正的商品逐渐才在广大地区流转，真正的商业城市才逐渐形成，这才看出资本主义萌芽是明显的了。

金时高汝砺《榷油》一疏最有启发。疏中提到，如果榷油，"河南州县当立务九百余所，设官千八百余员……油之贵贱不齐，转贩相易，所以其价常平。今既设官，各有分地，辄相侵犯，有罪；是使贵处常贵，贱处常贱"。宋代酒税务也是有分地的，禁他处之酒不得私运至开封，其罚颇重。自高氏之说，推知商税务亦各有分地，这正反映出一种关闭性、狭隘性的交换。盐、茶各项引岸也含有这种意味。这对说明历史上自给自足经济下的交换是非常分明的。

春秋时，每以维护工商业"通商惠工"为善政，战国时法家以打击工商业为政策，为什么会这样？有人说工商业家是奴隶主。此话有道理。《史记·货殖列传》和《汉书·货殖传》所载卓氏、程郑正是使用奴隶的工商业家。

编通史、教通史都应该注意"全面"和"系统"的问题，但具体着手又是分块的、断代的，在断代中如何贯彻全面系统确实并不容易。如民族部分，把各时代地图摊开来看，空白点总不能太多，应尽量考虑填补。当然每个时代有个重点，但其余地区也不能空着。魏晋南北朝时，十六国各族当然是重点，西域和西南也不应忽略。宋代，辽、金、夏是重点，但对吐蕃统治崩溃后的西藏地区也不能不提。宋王朝直接统治未能达到的滇、黔及川南地区，也不能不管。在经济、文化、制度各个方面，应分别若干项目，每个项目都应理清它存在的整个历史时期（在几百年、千多年或二千年）中的发展变化。没有变化的时期可不必特别写，而在发生显著变化的时期，就要特别写。重要的项目都写了，就可说是全面了；在它发生变化的时期都交待清楚了，就可说是系统了。

近几年所写《庄蹻王滇辨》《〈山海经〉产生的时间和地域》《巴蜀史的问题》各篇，和《论宋代的工商税》等，都不是我六十岁以前所能写的，六十岁以后心思更深细曲折。一些二三十年前所知道而不敢用的材料，现在能理解能使用了。即如指导胡昭曦写《论羌族史》一文，对《华阳国志》所说"汶山郡，户二十五万"一句，三十年怀疑不敢用，又不敢说是文字有误。现细勘史文，"西接凉州酒泉"，"其西又有三河盘于虏，北有黄石、北地、卢水胡"，乃悟其西北并无明确疆界，伸延很广，二十五万户不足为多。又如《宋代商税》一文，原对《史记·货殖列传》所提的八个"都会"不能理解，不敢用。后读《汉书·地理志》，大段多据《货殖列传》，也提了八个"都会"，多一江陵，而无陶睢阳，乃悟此言"都会"都是六国和吴越都城。多一江陵者，盖江陵为楚故都，至两汉而其势未衰。"陶睢阳"亦为一都会之说最奇。陶、睢阳为二地，相距几二百里，何以称为"一都会"也？盖汉初彭越为梁相居定陶，梁孝王先都大梁，后居睢阳，"陶、睢阳"盖指梁都而言。都陶时，睢阳当未为都，睢阳为都时，定陶已不为都，实仅一地，其中还应包括"大梁"，为行文时省略。番禺为一都会，显然是以赵佗的越都为言。这说明《史》《汉》所说"都会"都是以政治为主而经济为从，这些地方的商业显为满足贵族官僚的奢侈生活服务，而与广大人民日常生活无甚关系。我国封建社会中的"都市"大都如此。

研究民族史，应当是与地方史有联系的，但二者又是截然不同的，是两种范畴，绝不能用地方史来代替民族史。地方史是以地域为中心，是静止的；民族史则以民族为中心，而民族则常常是有移动的，不能局限在某一个地区。如某地的古代出土文物，无疑是该地地方史的重要资料，但却不必然是当地民族史的资料。两者是不能相混的。

《通鉴》中保存了很多正史中没有的材料。很多史事在正史中未记年，而《通鉴》则不仅记年，而且记月。《晋书》诸载记多未记年月者，多可于《通鉴》考之。惜清人辑崔鸿书亦未知考之《通鉴》，《通鉴考异》亦多引崔鸿书及肖方等《三十国春秋》，多有年月。

李一清《南北史合注》是一部好书，值得重印。仅其用《通鉴》《册府元龟》来注南北史，就对读史者有无限方便。如以其喜删节史文为病，在重印时不妨将删节处补上。其实，不补也无妨。如有人能将《通鉴》《册府元龟》中为正史所无之数据抄出，也就颇方便读史者。

汉景、武任酷吏抑豪族，所以吏治善而国盛强；六代放任豪族，所以衰乱；魏武、宋武暂得小治，亦因能抑豪强（土断）。自汉至隋，王朝对豪族的政策关系盛衰治乱甚巨。

自井田崩溃到唐行均田，在土地制度上应有承袭因革之处。汉有均田，晋有占田、课田，北魏、隋都行均田。汉、晋行均田都是抑制豪强兼并，但晋课田无限，已不如汉。元魏均田奴婢无限，应是承晋而来。齐、隋时对奴婢有限是一变化，才发展到唐的均田。但汉行均田无明文，可能因王莽的"王田"制度与之相似，且也行得不彻底，故不见记载。晋虽也行得不彻底，但因唐行均田，故修《晋书》时特载其事。汉虽无明文，但也不无蛛丝马迹，不能因史无明文遂以实无其事。如这样，历史就被割断了。

邵次公（瑞彭）精于古历，著述之已刊者不多，遗著可于开封河南师院张邃青先生处访之。

周代国、野、乡、遂异制，但六遂的基层编制仍以五家为数，与六乡同，不与甸、稍同，这应有所说明。

东汉经师释六遂在六乡之外，以《王莽传》论之，六乡在西都，六遂（队）在东都（成周），"成周里人"也能说明六遂在东都。金文也有"成周八师""殷八师"之文，说明殷人居于成周。殷人从军是后来之事。

西周甸、稍、都、鄙，可同都家之制合并研究，似可从沟洫之制着手。因王朝贵族不断增多，有采地的人也不断增多，六乡之人也不断增多，这就是都家的来源。这些人口向都鄙移殖，应当仍是以五起数的编制，而不是以八起数的编制。

几十年来，疑古辨伪的工作是有很大成绩，但总觉过火点。从前的人不考虑材料的真伪，不分别哪些是后人所增益，把唐、虞三代认为是中国历史的黄金时代，显然是愚蠢的，这是传统派的错误。后来的疑古辨伪又一概抹杀，把历史缩得太短，把文化压得太低，任何一部书都可以挑点问题指为伪书，而确实证据究又难寻。有些疑古派学者一方面既疑某书之伪，却有时又还引用；既不信历史之真，却有时又在讲述，就表明疑古者也自信不过。故信古、疑古皆为一偏，对历史应当客观考察。要从社会发展的法则、历史继承的脉络来理解，否则信古、疑古都是玄学，不是科学。我从前也犯这个病，不喜欢读《周官》这类书（但也还相信其中的部分）。但现在从社会法则、历史法则来考察，觉得内容十分丰富，提供了很多有用的材料，值得深入研究。

汉代州牧郡守的掾属与天子还没有君臣关系。只皇帝一人是君的观念起于刘宋。

专门史最易反映事物发展的阶段性，可从此进而探讨社会发展的规律性。如土地制度史、商业史、文学史等等，从一个部门研究，比较容易掌握，从一个阶段全面考虑就要困难得多。

历史是客观的，研究历史也必须是客观的，但又总得通过自己的主观作用，有自己的认识，这就与自己原有的认识水平、政治观点有关。

历史人物的个别事迹是否重要，应从它对人民、时代、历史的关系上看，看它的关系是大或小。隋炀帝这人毫无足取，但他修运河，这事对人民、对当时、对历史都关系重大。

中国历史上中央王朝对少数民族的政策，与西方帝国主义的殖民政策大不同：殖民主义一是移殖，二是掠夺；而中国中央王朝常常是禁止汉人进入民族地区垦殖，禁止从民族地区带出金银。

宋朝的社会生产远较汉、唐发达，但王朝却经常处在贫穷状态，主要是冗兵、冗官、岁币、赏赐，开支太大。

宋与西夏的关系最为重要，商税猛增即以西夏之故。过去学者都只重宋与辽、金的关系，而对西夏多所忽视。

宋初君主，鉴于唐之藩镇，遂用文人掌兵，以收兵权，而宋遂无可用之兵。

唐中叶文学、哲学、经学皆一反初唐。赵蕤《长短经》亦有此反映，反对旧传统。当时唐尚处统一之时竟提出恢复五等分封，此亦一奇特思想，岂中唐时确有此种思潮，遂下启晚唐之割据乎？

乾嘉学者咸宗郑玄，然又喜斥范宁《穀梁集解》，良以范氏注《穀梁》而又非《穀梁》，不合汉学家法，然宗郑而斥范则又未妥。郑玄遍注群经，而《春秋》则付阙如。《六艺论》言，"《左氏》善于礼，《公羊》善于谶，《穀梁》善于经"，是《穀梁》正为郑氏说《春秋》所宗，唯未为之作注耳。范氏注《穀梁》当正以宗郑，注中并非三传，亦郑玄注经并用今古之法，是范氏实为郑学，故清儒之宗郑而斥范之未为是也。

乾嘉诸儒，有仅事考据者，有事考据而不囿于考据者，如惠氏之于《易》；有考据而烦琐者，有考据而不烦琐者，如段氏之注《说文》。

近人多推崇王充，以其为唯物论者则是，唯充之于经学，渊源于今文，史有明文，书有明据。《程材》以《春秋》为"孔子制作，垂遗于汉"，即《公羊》家说。《谈天》言周时九州岛，东西五千里，南北亦五千里，亦欧阳《尚书》说。然充不为经学，必谓其反对今文，则未必也。

司马相如少时，文翁尚未于蜀置学，就相如文章案之，其所用词语多本《六经》，是知蜀于文翁置学之前，六经之学已传于蜀矣。

为学要能传世，历史上有过很多学者，不少人是被称为"闻名当世"的，但多数都不为后世所知，其著作也不传。而有一些在当时并不为时所重，而死后其名显著，如杜甫、章学诚。

元魏、北周、唐代的三武之厄，都曾灭佛，灭佛则汉文化得以复兴。

对老子和孔子可以从反神权论来评论。《道德经》中的"天"，是自然之天，这很清楚，毋庸多说。《论语》所载孔子在谈到"天"的时候，有时候明显是有意志的"天"，"获罪于天，无所祷也""予所否者，天厌之，天厌之"。但他确实又讲过，"天何言哉，四时行焉，万物生焉，天何言哉"，这又显然表示天是没有意志的。这就看此种思想在孔子全部学说中所占的地位。孔子学说的中心是伦理道德，但他并没有把伦理道德建立在有意志的"天"的基础上，倒是相反，把伦理道德建立在自然法则的基础上。孟子曾说："《诗》云：'天生烝民，有物有则。民之秉彝，好是懿德。'孔子曰：'为此诗者，其知道乎，夫有物必有则，民之秉彝也，故好是懿德。'"

讲论学术思想，既要看到其时代精神，也要看到其学脉渊源，孤立地提出几个人来讲，就看不出学术的来源，就显得突然。可先论述当时的变化和风气，突出某些人物。如明代中叶正德、嘉靖以来，学术界就已逐步发生变化，产生了一个反对宋人传统的新风气，提出文必西汉，诗必盛唐，不读唐以后书的口号，从文学首先发动，漫衍到经学、理学等各个学术领域。王阳明正是在这一风气下起而反对朱学的，李贽也是从这一风气接下来。这样看，纵把李贽写得突出些，也不会显得突然。讲清初，从一般风气如胡石门、谢秋水、张蒿庵、陆桴亭等讲起，再突出论述黄梨洲、王船山。又如晚清今文学，应从张惠言、孔广森、庄存与、刘逢禄、宋翔凤以至陈乔枞父子讲起，否则，龚、魏的出现将为无源之水。至乾嘉学术亦应并叙凌廷堪、焦理堂、洪颐煊，以见一时风气，再突出戴东原，比较好些。

文化的变化，不是孤立的，常常不局限于某一领域，因此必须从经、史、文学各个方面来考察，而且常常还同经济基础的变化相联系。唐前唐后是一个大界限，文学上的变化最明显。唐前文学盛行汉赋，《三都》《两京》，排比对仗，而唐后的赋则是《秋声》《赤壁》之类，实为散文。经学上更明显表现为汉学、宋学，哲学上则产生了理学。其他政治、经济也有较大变化。

读一部书，要能用它，如不能用，讲不出如何用，必然困倒书下。像《水经注》是部古地理书，就贵能在解释古地上起作用。在读经史常常查阅《水经注》，它提供不少有用的东西，但同时也发现一些与经史所言扞格者，进一步探寻，才看出出现这些问题的原因。这样，才能把《水经注》的用处讲得更落实些，哪些东西应该怎么用，就更清楚些。清代一大批搞《水经注》的学者，把《水经注》当作一门专门学问来搞，跳不出郦道元的圈子，常常死于注下，就很难如实讲出《水经注》的用处来。杨、熊注疏也难免于此，等而下者就更无论了。

古人学问深广，所著书虽有其中心的一面，其他方面也未忽视。如许慎《说文解字》，主要是文字学，而书中的礼制也是自成体系，其水道也可与《水经注》比美。

《颜氏家训》切不可以"家训格言"视之，实为一南北文化交互融合之作。书中所载南北文化风格之异虽多，然其意在合南北文化于一炉，此实为唐代统一南北文化之先声。

汉代易学至京房为一变，京房不为易学正宗。承田何易者，当为王弼。马融《易解》颇生异说，郑玄、陆绩之主象数，皆非易义正宗。此皆自其易学精神言之，未可取证于文字也。

西汉学术，应当明确由儒家转变到经生的过程，伏生《尚书大传》，韩太傅《诗外传》，董生《春秋繁露》，还是儒家，而刘向、匡衡之辈，则为经生。儒家则犹意气风发，经生则章句之徒而已。

廖先生谓大小戴为大小统，应从气度上看，大戴广而博，气魄大；小戴深而纯，但规模小。

魏晋南北朝至隋唐时期，不仅有北方民族的南下，同时也还有南方民族的北上。两湖地区的廪君蛮、盘瓠蛮、板楯蛮都有北上的史迹，分散到陕西、甘肃、河南、安徽；四川西部氐人北上，两湖蛮人自峡口入蜀；等等，都对历史有着不小影响。而牂柯僚人入蜀一事，尤为影响重大。僚人入蜀，在《北史》中不过数十字的记载，《蜀鉴》及《太平寰宇记》引李膺《蜀记（益州记）》比较详悉。至于《元和郡县志》《太平寰宇记》

《舆地纪胜》与《舆地广记》所载，僚人在蜀分布之广，甚可骇异。此时蜀境长江南北两岸都是僚人，嘉陵江川东整个巴山山脉直到汉中也是僚人。岷江东西两岸直到今之崇庆县，沱江两岸直到今之简阳县，涪江两岸直到今之三台县，也显然是僚人居住。由井研东至资中一带也是僚人居住。由李蜀之末僚始入蜀，直到唐时僚人来蜀不绝。如唐之荣州（即后荣县、井研各地），唐志载旧户一万二千二百六十二，口五万六千一十四，到开元仅有户五千六百三十九，口万八千一十四。开元户口是唐的全盛时代，但荣州反减少了一半以上，岂非异事！求之史迹，就因铁山为生僚所据。也就知道生僚是在开元稍前迁来。史言桓温入蜀，岁岁伐僚，但其大军数万人曾在泸州全部覆灭。梁、周、隋、唐和僚人冲突之事至多。唐时中央强盛而蜀独衰，正因僚人骚扰之故，以致对南诏、吐蕃侵扰都须调东兵入援，因蜀无力抗御。也因援兵来蜀，而唐以衰。唐末僚人与汉人渐融

合，到宋时蜀之生产发展，经济文化不断提高。宋为中
央最弱之时，而蜀独强盛。金、元相继南下，如入无人
之境，金百年中始终不能入蜀。蒙古入蜀后，连战四十
余年不能得逞。宋人说有蜀则有宋，无蜀则无宋，这反
映蜀对宋王朝盛衰关系之巨。宋人只知蜀在南宋关系之
大，而斥东晋不知用蜀，实不知僚人入蜀后蜀已荒残，
故《南齐书》比蜀于蛮陬之邦，盖蜀已不足用。及至僚
人与汉人融合之后，而蜀之经济文化都大为发展，僚人
与四川历史关系之重是很清楚的。

近作《成都二江考》，二江就是郫江、流江，就是
《禹贡》之江、沱。自汉至唐、宋无异说，至清《一统
志》始悍然以湔为沱，以郫为江，这一观念遂成为牢不
可破之说。于是研究古地理的人（清代考据家）都不免
从这一错误观点去研究《禹贡》《汉书》诸问题，不能
出《一统志》之看法而认为已得古人之真，结果都是错
误的。这一错误是由于清人素不喜宋、明人书，以为都

是错的，不屑研索。我从前也是如此，于宋人书只作参考，合则用，不合则弃而不顾，于其错误之由，从不理会。这次考二江问题才知道宋人于此全不错而错在清人（胡渭、顾祖禹诸人），由清人之误以读古书，自然以宋、明人之不错为错。好在这一缺点也还容易纠正，就是把宋、明人几部书仔细一读，也就可解决很多问题。清人于古地山水不甚明白者总喜以大山大川来解释，这是根本错误的，他们不信郫江、流江即是江、沱，就是因为是小水，而不知古人居处耕耘之区才为记载所重。成都平原郫、流二江关系灌溉至为重要，《禹贡》不能不记。其他高山大川无资于民用者如峨眉之类，何须记录。胡氏必以峨眉为蔡山，是不根，而且是荒谬的。古地之学不能凭空去讲。我是在经史中遇着很多问题不能不从地理探讨，积累久了，地理也熟了，问题也多了，好像专门讲古地。其实我与清人治《水经注》的学问全不相同。他们是专搞地理，尽读地理书。我是从经注、史注中去，而不专从地理书去，所以与他们的结果不同。这可说是学有本末。地理是史学一工具，如其专研地理，方法就不外杨惺吾，结论也应相同。即以这次作二江考，始见杨、熊《水经注疏》谬误不少，也很可笑。我本不喜校勘版本之学，但论巴蜀问题和二江考就无法不追究版本和校勘了。因五经四史之类不校勘也可以读，若《华阳国志》或《齐民要术》及古地理书之类，在前代不必人人皆读，又很容易因传写而误，不校就无法用。而校勘一事也不是凿空而来，如清人那样专治校勘学者，是不会成功的。必于此学积累稍多，涉猎稍广，自然提出要校的问题也才能校，必治此学者才可校此书。若专从版本或类书下手，是用处少而害处多，所以清末有反对校书的说法，是有道理的。这也是学有本末之意。讲古地不能离开人事（历史）。常志二江上有七桥、大城小城等，都只能从人事上来理解：蜀何以独有大城少城？秦灭蜀后，有蜀侯、有蜀守，又移秦民万家实之，秦民、蜀民、蜀守、蜀侯，自当分别居住。少城何以分南北？南是市场，隔江是锦官、车官二城，是工商业区、经济区；州学在城南，郡学在江南，是文化区；而城北是政治区，故张仪楼诸古建筑皆在北城。汉、晋间郡守住少城，刺史住大城，赵廞谋据大城以叛，罗尚退保大城，都说明大城是军事区。二江上有七桥，上应七星。在南出石牛门曰市桥（郫江上）、笮桥（流江上），出南门曰江桥（郫江上）、万里桥（流江上），此南之四桥。过笮桥道西为锦官城，道东为郡学，此道即出石牛门而走广都（双流）之大道，故吴汉、桓温攻蜀自外水（岷江）上至广都，即进而战于市桥、战于笮桥。西有三桥，应是城有三门，西门曰定明门，其北曰阳城门（所谓"阳城之阿阁，飞观榭于云中"，见《蜀都赋》），其南曰章城门。南四桥二门，则北亦应二门，曰咸门，曰朔门。西三门以少城繁盛故三门，东则二门，共有九门。《华阳国志》说汉武帝立成都十八郭，顾校依《文选·蜀都赋》注作十八门，实则张仪城成都周回十二里，断无十八门之理。《续汉·郡国志》引《蜀都赋》刘渊林注作立成都郭十八门，《后汉书·公孙述传》引亦同，知今宋本《文选》仍有脱误，应是城有九门，郭亦九门，共十八门。知《周地图经》、宋《成都志》都说大城九门、少城九门是臆想之说，毫不足据。郭亦有门，于臧宫攻公孙述入小雒郭门是其证。总之，地理是人生的环境，总要适于人用。从民生日用着想去解决亦不患无证。杨守敬、熊会贞，上至顾祖禹、胡渭说二江都是错。明人省志、府志，清二部《一统志》、府志、县志无一不错，杨图二江桥更荒唐。熊稍有进，亦大错。明人也错得可笑。熊所谓七桥铁案，根本是错。他以《蜀中名胜记》引李膺《益州记》为据，而不知《古文苑注》之引《益州记》但有七星之名才是李义。曹引今名云云，是南宋祝穆的解释，何为铁案？《华阳国志》说七桥正确，但有误字，《水经注》取志文甚明而去永平桥加升仙桥，是重视司马相如之故，误说始此。升仙不在二江上，又在城北，不可能像七星。此文最小巧，深可笑。但方法最精巧，结论亦奇而确。

在写《巴蜀史的问题》时，已疑成都早有灌溉，因劳动人民是历史的创造者。在成都平原，知稼穑必知灌溉，知灌溉就应早有二江（意指成都平原上的河道），不必待李冰守蜀。"深淘滩，低作堰"是总结了长期治水经验的结论，不是李冰短期所能提出的。所以汉人认为二江就是《禹贡》的江、沱，是正确的，自成都平原地理条件考察，有此广大平原以来，不会没有水流。李冰守蜀前，司马错已以六百万石米浮江伐楚，说明农业早已发达。如认为李冰始凿二江，就忽视了自然规律。但我们也不能反对人工河，人对自然的利用总是要加工的。李冰之为汉人所称道，也如江淮通流见于《禹贡》《墨子》《孟子》诸书，而吴通邗沟也是事实。李冰之功在于秦灭蜀后对水利更合理地调整，进行大规模的治理。章樵说李冰穿二江只是用二江引渠为灌溉，是很合理的，用作全文写作骨干。

我很赞同搞古代史，但不能放弃现代。从来没有只搞古代不搞现代或只搞现代不搞古代而成功的史学家。现在古史部分仍是待发掘的荒地，问题多，尤其是社会经济问题。两汉材料不多，你可专力六朝和唐代。我从前搞先秦，后来感觉大家治先秦多是猜谜，自汉以下具体一些，才有可讲。后来看宋代。历史是愈后材料愈详备，探讨社会情况较有把握。但材料多也受到一定的拘束，不能信口乱说。先搞唐、宋，由后推前，然后两汉、晚周才会明白。所以我建议你可从六朝、隋、唐着手。我从前本搞经学，后来教史学，十年后才稍知道什么是史学，应如何治史。治经、治史方法、目的都不同，但也有部分人始终不免以清人治经之法治史，就是以考据治史，所以不免于支离破碎，全无贯通之识，这远不如以治诸子之法治史。其实，经学也不是单凭考据可了。考据是工具学问，经、史都用得着，但它却不是经学或史学。也有不谙考据而治史的，却也是缺点。治史应专治一二时段，但通史终不可忽。每一代有些问题还是要从通史中才能求得解决，以免滞固不通。总的说来，学问是循环反复的事。哲学和文学都不可忽，这对理解历史是大有帮助的。乃至书画艺术之事应该都要留心，不过有轻重缓急之分而已。社会经济是治史的首要工作。我在1953年草写农产量一文也是这个看法，后写熙、丰变法也是从社会经济着眼。

《孔子与今文学》，也可说是我的经学研究告一段落，比之《经学抉原》是有改变的。昔在峨眉读两汉各家书，并及先秦诸子，读到《韩诗外传》时，恍然感到：先秦时儒家何以变而为两汉经师之业，其间问题显然有个脉络过程，惜于已读之书未能将有关材料录出。现在要写这篇稿子至少需半年时间重读一遍周、秦、两汉著作，但始终无此时间，私心以为甚可惜。

人或有谈到我对《水经注》的研究，这项工作我估计至少也要五年专力为之，未敢懵然展开，若有助手当徐图之。汉、晋人经注中有很多古地理解释，《史》《汉》注中亦多，皆比道元为优。而清人解经乃至《说文》和段注之解说，亦每每比郦注、杨疏为长。清人过信道元之注，至以郦注易《班志》，而不察此乃六朝晚期之说，于古事多不合。东汉、魏、晋人说颇自相同，安得以道元为是而悉废郑玄、服虔、许慎、应劭、文颖、孟康、杜预、京相璠、郭璞、高诱、王隐、司马彪以来之说？道元于南方水地之误，清人敢言之；道元于北方水地之误则未敢言。清人治经自乾、嘉汉学者皆能以汉师之说正六朝之误，独于地理之学信六朝而背汉、晋，事亦大奇。杨氏之疏可谓集清儒地学之大成，亦颇有突过清人处，惜其谬误矛盾亦复不少。近人迷信杨疏亦太过，况其墨守道元弃清人经解于不顾者乎？非敢谓我可窃比杨氏，徒以有两经解耳；非我敢轻议道元，徒以有汉、晋诸家经、史注说具存耳。这一搜讨工作岂衰年如我者能之耶！倘有一二得力青年商量着手，此或不失为巨业、为奇作。尝作《古地甄微》，略启其端而已。

战国局势的发展，初期是"晋国天下莫强焉"，是魏国独强。魏要并吞韩、赵，桂陵、马陵两战败于齐；徐州之役，齐又败于楚，七国之中没有独强之国，于是纵横之事起。"五国相王"是这一时代的开始。到齐、秦称帝是二国最强；到乐毅合六国之兵破齐，于是秦人独强。纵横之说也就不行了。而白起、王翦专用武力。纵横为一时期，其前为一时期，其后为又一时期，可分为三段。

《尚书大传》："东方之极自碣石至日出榑木之野。西方之极自流沙，西至三危之野。中央之极自昆仑，中至太室之野。"知此之昆仑必在三危之东，此为汉人旧义。刘逵注《吴都赋》云："禹所受地理书曰：昆仑东南方五千里，名曰神州，帝王居之。"《礼记正义》引《地统书括地象》曰："地中央曰昆仑，其东南方五千里曰神州。"《尚书正义》引郑玄云：禹所受地理书曰："昆仑山东南地方五千里曰神州，西王母在流沙之滨，乐民、挈闻在昆仑弱水之洲，三危在乐民西。"《淮南·地形》："弱水出自穷石，至于合黎，余波入于流沙，绝流沙，南至南海。"《汉书·地理志》敦煌郡广至县有昆仑障。张掖郡删丹县："桑钦以为道弱水自此，西至酒泉合黎。"居延县："居延泽在东北，古文以为流沙。"金城郡临羌县："西北至塞外，有西王母石室、仙海……西有弱水、昆仑山祠。"流沙为今居延泽，弱水为今居延水，皆在甘肃。有昆仑障之广至县在今甘肃安西境，其西有昆仑山祠。临羌县治今青海西宁市，与昆仑有关之地皆在今青海东部及甘肃西部，而非今昆仑山地。《后汉书·西羌传》："西羌之本出自三苗，舜流四凶，徙之三危，河关之西南羌地是也。滨于赐支，至乎河首，绵地千里。"李贤注："谓羌地是也。以上，并《续汉书》文。"《水经·河水注》引司马彪曰："西羌者，自析支以西，滨于河首左右居也。河水曲而东北流，径析支之地，是为河曲矣。"应劭曰："《禹贡》析支属雍州，在河关之西，东去河关千余里，羌人所居，谓之河曲羌也。"河关为后之青海贵德县，三危所在应于贵德西千余里求之，即河曲也。知三危在大积石以东。汉、晋所说三苗徙处，其时亦唯知河出积石，此与张揖、王隐说三危在鸟鼠之西南与汶山相连，是最早之昆仑，只能于岷山求之。

从地理看古今之变，在水而不在山。水之变迁多在北而不在南。《水经注》正是解决这一问题之重要典籍。《水经注》于南方水道之误，前人多已指出。且为对历史关系较多的地区。郦道元本北人，许多地方皆曾亲自探访，且记载详细，脉络分明，不易看出有误。苟一水有误，则将涉及三、四水道是否亦误，较为繁难。故虽明知《水经注》与他古书不合，亦皆多疑他书而不疑《水经注》。清代考据家无人不读《水经注》，说经之家于经中地理无不考之《水经注》。经中地名除《禹贡》《尔雅》外，皆因事偶见，既不全面，也不系统。《禹贡》《尔雅》《职方》虽全面、系统，却又太略，注者不提出相矛盾的问题也无妨，但如王先谦注《汉书·地理志》，就不能不提出，但他却认为都是班固错了。专治《水经注》的人都是从唐、宋地理类书取材，从正史《地理志》之类取材，就都不容易发现《水经注》的错误。我三十岁以后才稍治地理之学，四十以后因专在史学系教课，才放开了经学，五十以后始确知《水经注》与《汉书》的矛盾是大量的。

近年整理先君遗稿，其可以独立成篇者，皆分别整理编入各集。其短笺札记如《肤浅小书》、论学书翰之类，多无所属。虽多信手所记，未必定论，然率皆治学经验之谈，读史会心之论，或探究问题之思考过程，咸足以启迪思路。1957年后，默得侍先君讲席，时有所记，亦多此类。兹并整理如上。非谓必皆有益，要不愿深藏于秘而私之耳。

蒙默整理后记

1986年11月

增　补

　　蒙既本之《孟子》述《孔氏古文说内编》，以探宋明理学之微。本之《穀梁》述《孔氏古文说外编》，先成《经学抉原》，以究汉魏经术之赜，旧撰《经学导言》颇损益其文以入之，其余若论支那禅学，若论周秦诸子，论《左氏春秋》，论《毛诗》，论《礼·乐记》，下及此编（指《古史甄微》），诸凡与内外编相发明者，悉并为《孔氏古文说杂编》以附之，以示羽翼之意而已。若曰赞师门之妙旨，匡俗学之肤闻，谫陋如吾，则又何敢。丁卯花朝蒙文通识。[①]

　　《后汉书·陈元传》："诸儒以《左氏》之立，论

---

① 此文为先生《古史甄微》1927年稿"序言"之末段，1933年《甄微》商务版被删去。但此数语可略补探索先生学术轨迹材料不足之憾，故摘存于此。

议喧哗，自公卿以下数廷争之。"《史通》引《东观汉记》云："光武兴，立《左氏》，而桓谭、卫宏并共诋訾，故中道而废。"此《元传》所谓"李封卒，因不复补"者。则"诸儒喧哗""公卿廷争"者，谓卫宏、桓谭辈也。桓、卫并古文家，而诋《左氏》不传《春秋》者，东京之初，今、古两家皆同此说也。①

余前论《韩非》所言三墨，以《庄子》称邓陵为南方之墨推之，则《吕览》所谓东方之墨、秦之墨，合之《庄子》所言则三墨也，即谈辩、说书、从事为三派。唯于相里、伯夫三家未定，果孰为东墨？孰为秦墨？今以《庄》《韩》二书究之，《庄》视《韩》有相里无伯夫，《庄》不应遗东墨不论，则相里为东墨、而伯夫自应为秦墨也。盖伯夫为秦墨为从事一派，不重理论，不在诵《墨经》而倍谲不同之列，故庄书遗之。而韩则备流别，故着之。或秦墨之起稍后，非庄子所知，唯韩非

---

① 载《图书集刊》创刊号《肤浅小书》。

较晚，乃及言之耳！是相里为东墨、伯夫为秦墨，乃理之固然，无待别为论据也。

《齐策》言："袭魏之河北，烧棘、蒲。"棘、蒲皆春秋时卫邑，河北谅棘、蒲之北，而释者多误。由今考之，卫之新筑在魏县，卫之马陵在元城，卫琐亦在元城，此并在河北。卫懿氏在开州西北，或亦在河北。卫地之在河北者，入战国而魏有之。晋灭狄者荀林父、士会也，狄之地范中行有之，赵灭范中行而狄之地赵有之，赵地南至浮水、不尽河北者，亦范中行之事之然也。晋以宣五年灭潞氏立黎侯，潞氏所据者多黎侯之土也。成三年"晋却克、卫孙良夫伐廧咎如，讨赤狄之余焉"。晋人合卫师以讨狄，则狄溃而卫之土复。昔儒不知廧咎如国于何地，由此而言，则新筑、马陵一带，狄所据之卫土也。卫地不得全复者，以潞氏之灭而卫不与焉，非狄土之尽河，实范中行、赵氏之不尽河，殆卫以蒲戚之师越河而复地耳。是足以明魏之有河北，正亦由狄之土卫复之、而魏承之也。以卫复廥咎如地言之，灭潞者荀氏，则中行之食邑为可知也，潞氏地也。灭铎辰者士氏，铎辰国不可知，而士氏食邑于范为范氏，知范冠一道者即铎辰之国也。是《战国策》所云范中行之道者，即范冠、干侯、五鹿、邯郸一带地；廥咎如、铎辰之国，昔儒阙而不知，固可由是推得之也。①

天地万物一体之义发于名家，《天下篇》谓惠施："泛爱万物，天地一体也。"此不过沿"至大无外、至小无内"之思想推之至天地一体耳。彭蒙、田骈、慎到因之，"齐万物以为首"。庄周齐物之意曰："天地与我并生，而万物与我为一。"此则由名家一转而为道家，而与我之义独重。至孟子曰"万物皆备于我"，则由道家一转而为儒家，变"与我为一"之义为"备于我"。始之为我与物间，继之为物具于我，始之为辩家之语，继之为体德之言。至杨慈湖言："目之出色，耳

① 以上两条原载《图书集刊》第五期《肤浅小书》。

之出声，心之出物。"阳明至指道旁冢谓："其人既死，其人之天地万物何在？"而陆象山谓"宇宙即是吾心，吾心即是宇宙"，发明孟子之意可谓精到无遗。往昔吾游无锡，章枚叔言次颇贬孔氏，谓"孔子不过佛家八地菩萨"，又云"孔子不知唯识之义"。吾谓儒家特未具唯识之毗昙，然已确定唯识之本母，因以慈湖、阳明、象山、孟子之说质之，枚叔顿时首肯。与人论学，从善服义而绝无成见私心如章君者，可谓毋固毋我也。

杜氏于闵二年《传》注云："此荥泽当在河北。"又谓《竹书》洞泽即荥泽也。杜殆疑河北之荥泽，应从《竹书》洞泽为是。而洞泽之详，杜不能说。案之古籍，荥泽即洞泽，非有二地。《书序》言："汤归自夏，至于大洞。"《史记》作泰卷，邹诞生本作洞。泰卷者即后之卷县，即沇出河处荥泽地也。《山海经》言："王屋之山，㿉水出焉，西北流注于泰泽。"郭景纯云："㿉沇声相近，沇即济也。"泰泽即泰卷。沇通荥泽，知荥泽固即泰泽，所谓泰卷也。于《墨子》书谓之大水，盖泰泽、大水即泰卷、泰洄、大洄，即《竹书》之洄泽，而实即荥泽也。知古之荥泽实跨大河南北，入后河北之泽堙，仅存泽之在河南者，故杜氏以为疑。由郑注《禹贡》言之，则汉末而河南之泽亦不复存也。

史家正闰之论肇于《汉晋春秋》，而极于《宋史质》。粗视之若无谓，而实有深意存焉。《世经》言："炎帝受共工，共工受太昊。《祭典》曰：'共工氏霸九域。'言虽有水德，在火木之间，非其序也，故《易》不载。《易》曰：'炮牺氏没，神农氏作。'言共工霸而不王，虽有水德，非其序也。"共工固为天子，而《易》《书》家（《尚书大传》《周易·系》）黜之也。《秦始皇本纪》后附班固《典引》曰："周历已移，仁不代母，秦值其位。"《索隐》言："秦值其闰位，德在木火之间。"《郊祀志》亦言："昔共工氏以水德间于木火，与秦同运，非其次序。"《索隐》之言，即据《郊祀》文。是秦与共工实为天子，而汉师不以为天子也。习凿齿作《汉晋春秋》，其《晋承汉统论》曰："昔共工霸有九州岛，秦政奄平区夏，犹不见序于帝王，今若以魏为有代王之德，则其道不足，道不足则不可谓制当年，当年不制于魏，则魏未曾为天下之王，王道不足于曹，则曹未始为一日之王也。"于是习氏之书以蜀汉为正统而黜魏。萧颖士亦作《黜陈闰隋论》，以唐承梁，以南朝为僭伪故也。朱子《纲目》亦沿习氏，以蜀为正统。陆游之作《南唐书》，称本纪以易马令之书，是亦欲以南唐继唐而斥北宋人五代正统之论。明时王洙作《宋史质》一百卷，以明继宋，非唯辽、金两代皆列于外国，即元一代年号亦尽削之。而于宋益王之末，即以明太祖之高祖追称德祖元皇帝者承宋统。于瀛国公降元以后，岁岁书帝在某地。王洙之书显为种族之痛，朱氏《纲目》、陆氏《南唐》固以痛于金祸，习氏《春秋》固以痛于五胡。共工姜姓，为苗黎之族，秦人之事，吾固考其为西戎，则正闰论者，固政治民族主义也。

盘古之说，始于三国徐整《三五历记》，谓为秦汉间俗传。秦谓关中，汉谓汉中，三国时秦汉间俗有此说，知其尚未广被于各地。此时此地胡为盘古之说发生，余别考南方民族北上事，知杨车巴之属于三国适移至汉中，谅盘古之说即南蛮之盘瓠，中国古无此说也。中国汉前于开辟之说盖为女娲，《天问》言："女娲有体，孰制匠之。"《天问》为依楚先王宗庙公卿祠壁之图画而作。女娲之说本于楚之壁画，则疑亦古代南方之传说，但时为早耳。《风俗通义》言："天地初开辟，未有人民，女娲抟黄土为人，剧务，力不暇供，乃引绳絚泥中，举以为人。故富贵贤智者，黄土人也；贫贱凡庸者，引绳人也。"则女娲者，南方所言人类所由出也。人类之始，女娲制之，而女娲则孰制之哉？此屈子所为问也。王逸曰："传言女娲，人头蛇身，一日七十化。"则女娲始以蛇身化而为人，若曰生人之初，自蛇而化成，闽、蛮皆从虫，固南方之族人从蛇化之说也。许慎言："女娲，古之神圣女，化万物者也。"则万物亦自女娲化之。《淮南子·览冥》："往古之时，四极废，九州岛裂，天不兼覆，地不周载，火爁炎而不灭，水浩洋而不息，猛兽食颛民，鸷鸟攫老弱。于是女娲炼五色石以补苍天，断鳌足以立四极，杀黑龙以济冀州，积芦灰以止淫水。天不足西北，故日月移焉，地不足东南，故百川注焉。苍天补，四极正，淫水涸，冀州平，狡虫死，颛民生。"此则女娲为初辟天地之人，于时有火灾，有水灾；人类之有贵贱阶级，为自女娲而始。南方之说，固以女娲为天地万物生人之初。迄乎魏代，始有盘古之说，而女娲之说始废。

章樵《古文苑注·序》言："《古文苑》者，唐人所编，史传所不载、《文选》所不录之文也。歌、诗、赋、颂、书、状、箴、铭、碑、记、杂文，为体二十有一，为篇二百六十有四，附入者七。始于周宣王《石鼓文》，终于齐永明之倡和。"案《文苑》一书别有敕、启、对、文、述、赞、诔，章固略言之耳。韩元吉言："孙洙巨源于佛寺经龛中得唐人所藏古文章一编，莫知谁氏录也，好事者因以《古文苑》目之，今次为九卷。"韩氏仅谓唐人所藏，后章氏因谓为唐人所编，别厘为二十卷。韩氏谓"好事者因以《古文苑》目之"，则以《文苑》之名似得书后所题。孙洙以后谁氏题之，韩亦不能言也。实则此书应即《隋、唐志》著录之《文苑》，或后人传录而谓之《古文苑》耳。《隋、唐志》皆有《文苑》一百卷，孔逭撰。《隋志》又有《文苑钞》三十卷。《南史·文学·丘巨源传》称："时又有会稽孔广、孔逭，皆才学知名。逭抗直有才藻，著《三吴决录》，不传，卒于卫军武陵王东曹掾。"今《古文苑》所录文终于齐永明之际，与孔逭时代适合。原书固为百卷，巨源所得乃其残帙耳。《隋志》之《文苑钞》无撰人，今《古文苑》所取皆史传所不载，《文选》所不取，则以钞者刊落习见之文耳。巨源所得殆《文苑钞》之残本也。《宋史·艺文志》有孔逌《文苑》十九卷。《玉海·艺文类》："《中兴书目》：孔逌集汉以后诸儒文章。今存十九卷：赋、颂、骚、铭、诔、吊、典、书、表、论，凡十属，《目录》有书写校正官吏姓名，题龙朔二年或大中十年，盖唐秘府所藏本也。"书仅十九卷而为类有十，则亦《文苑钞》之残本而非百卷之残本；十类之目与巨源本颇有出入，则两皆残卷，所阙所存各不同也。《玉海》谓"集汉以后文章"，今巨源本有《石鼓》《诅楚》等皆为周文，盖《中兴书目》据多数言之耳。章樵言"附入者七"，不知谁氏附之，倘汉前之文皆附者入之乎！樵称"复取汉晋间文史册之所遗以补其数"，则更非巨源所得之旧也。由《玉海》之所言与巨源本论之，知《文苑钞》一书在唐分写之本亦盛矣。

太炎先生以王弼注《易》为施、梁丘之旧轨，乍观之，似若无据。考颜延之《庭诰》说："荀、王得其正宗，马、陆举其象数。"是已显分二派。荀悦《汉纪》以为"南郡马融始生异说"，当即指象数之学。荀、马指趣不同，故说斥马。虞仲翔讥："颍川荀谞（爽），号为知《易》，臣得其注，有愈俗儒。至所说'西南得朋，东北丧朋'，颠倒反逆，了不可知。"虞朋于陆，故深诋荀氏。陆氏于《太玄》亦言："玄之大义，揲蓍之谓，（宋）仲子失其旨归，虽得文间义说，大体乖矣。"王氏之学源于宋衷，故陆亦深诋宋注，虞氏亦横訾马郑，并斥宋氏，谓："小差《玄》而皆未得其门。"可知荀、宋、王三家为正宗，马、陆、虞三家为象数。殆孟、京于《易》犹未以象数入之，尚为别行，至马、陆而象数始与《易》乱，施、梁丘皆不言象数，章君之说信然矣。

一九三四年，我讲魏晋南北朝史，讲到高欢语鲜卑曰："汉民是汝奴，夫为汝耕，妇为汝织，输汝粟帛。"语华人曰："鲜卑是汝作客，为汝击贼，令汝安宁。"猛然悟到这种区分正与周代国人、野人之分相吻合。下课返家立即进行研究，看出《孟子》《周官》所讲确实是如此，国、野不仅田制、兵制不同，学制、选士也不同。并且进一步看出廖先生说古文是史学、今文是经学（或哲学），的确是颠扑不破的判断。同时也看出经学家们把经今古文问题推列孔孟时期显然也是不对的，孔孟所言周事还基本是历史事实而不是理想虚构。

近来历史著作常把政治、经济、民族、文化分开来讲。从纵的关系看，可能还能讲出点道理，但各部分之间的横向关系如互不照应就会失去历史的总体感。

欧阳先生气度恢宏，很能容人。熊十力原跟先生学，后来不同意先生的一些看法，先生虽不同意，但觉也还说得有些道理，就让他说去，也让他继续住在内学院。当时熊体虚多病，经常要炖乌龟来吃，而内学院的规矩则是吃素食，老先生虽知道他吃乌龟有违院规，却也只当不知。熊后来很有成就。没有这样的老师，教不出这样的学生。

很多人的学问，大概在三十岁上下就把规模大致定下来，这以后只是在深和细上面有所发展。我在五十岁以后才开始研究道教，也还能开拓一个方面，颇有所获，主要是由于从前在理学上下的功夫比较深，一接触便能提出问题；方法上其实也就只还是搞经学的那些，不外求家法、考遗说，辑佚、校勘而已。

杨守敬有《水经注图》，朱、墨套板，古今地名具载，用起来颇为方便。但其系统条理不如汪士铎《水经注图》，可用汪校杨。杨守敬《水经注疏》笃守郦说而不遵《汉志》。王先谦《汉书补注》，凡班书与郦不合者皆言班误，其实常为郦误。陈兰甫《汉书地理志水道图说》、陈乔枞《今文尚书遗说考》、王鸣盛《尚书后案》皆有用古说以驳郦注者，皆可用以驳正郦、杨。郑康成注《禹贡》《职方》，所引《地理志》与《汉志》不同，而颇与《续汉·郡国志》合，当为另一《地理志》，疑为《东观汉记》之《地理志》，亦皆古说，皆可用以考校郦注。

《老子》王弼本，近代无善本。以浙江书局刊行二十二子本为最通行。浙刻谓从华亭张氏本者，明万历间张之象也。乃校其文字，则直从聚珍本出，而又非武英殿原本，所据者浙覆刻聚珍也。浙覆刻视原本夺误颇多，二十二子本一一与之符合。于时局中校者如黄式三诸前辈，颇多硕学通才，不知何以疏失如此。四库本《提要》谓从张氏三经晋注录出，故浙局从四库本乃径谓依华亭张氏本，殆欺人语耳。张本未见，不知果善否？四库本有熊克跋，熊又从宋晁氏本出，而其夺误皆同于《正统道藏》，正统本实有晁、熊二跋，岂张本直从《道藏》出，以晁跋故，致后人疑为出南宋本欤！唯

《道藏》但分章而无一章二章各行为异，岂又张氏据晁跋而增之耶！《王注》以宋《四家集注》为善，虽亦有羡夺误字，然足以是正浙本者不可缕数。依校一过，改正徧于书眉，故知张从正统出也。四库馆臣又言校以《永乐大典》，则宋本也，何以校后仍夺误如许，则最可异。《王注》以《集注》本校之，尚可略得宋本之面目，而《老子》经文之王弼本则绝不可见。谢守灏、董思靖言王弼经之字数，二家皆相符。乃今本《道德经》文无一足王本字数者。即傅奕古本亦不足王本之数，唯诚多于唐人所传损字河上公本而已。傅氏既称古本，何以仍为损字本，至舍王弼本不用，诚不可解。就《王注》研之，知《王注》往往同于他家经本，今《王注》本之经绝非旧贯则可决也。以《道藏》各经皆为无学羽流妄依他经擅改，故王氏经、注多不相应；其甚者又复依经以改注，致经既非而注又不辞，殊可笑也。见王弼之经，陈景元、范应元、刘惟永诸家书所举者，皆得其实，惜又略而不尽。毕氏秋帆所为《古本老子考异》，其言王弼本作某者，直从近世通行之本，真梦呓也。疑王氏分道、德为二经者，钱氏已辩之；谓王氏不分章者，吾友无锡蒋君已辩之；苟由程大昌之言论之，则宋时《王注》已有章名。由巴黎国民图书馆所赠敦煌《老子疏义》卷子影片考之，知唐时《王注》亦有章名，皆取章首文字为名耳。是王无章名之说亦非。居今日而校辅嗣注，直同暗中摸索。至黎莼斋《古逸丛书》所谓唐卷子本，则以海东覆浙本为据，从唐人五经文字等碑摹集其字以祸梨枣，貌为古雅，无裨校事，更为下驷。余因校《王注》已久，兹犹未有定也。

墨子主张选天子而不选诸侯，其意向是要废除诸侯。荀子主张选诸侯，是要保存诸侯。荀子批评墨子"大俭约而僈差等，不足以容辨异悬君臣"，也正说明荀子是保存封建诸侯等级制，而墨子则反对封建诸侯等级制。今文家既主选天子，又主选诸侯，本为奇想，既有诸侯就说不上等贵贱、均贫富了。

东汉末年，刘表、宋衷在荆州已开始谈玄，实为王弼、何晏祖尚玄言的渊源。

《唐书·地理志》体例有取《元和郡县志》，它把河渠包括在内来写，也详于交通，这是其他《地理志》所不具的。

六朝玄学以天地万物皆以无为本来讲天道，史学家如干宝等则以律历、灾候来讲天道，以立异于玄学。

自汉以来，已知日月之食是有周期性的自然规律，但仍然以日月食为灾异，其目的是在限制君权，是另有其意义的，仅以迷信视之是不够的。

要学习老师的方法，这对初学很重要。但学到老师的方法后，还要能进一步摸索出自己的方法，这样才有可能在老师的基础上有所前进。

清人菲薄欧阳《新唐书》《新五代史》，完全是汉学家门户之见，是不公允的。

疑经是宋人的普遍学风，如孙明复、刘原父、欧阳永叔、王荆公、郑渔仲、叶水心，以及大程子、朱晦庵、洪迈、吴棫、王柏等等等等，不可以屈指数，盖自中唐思想解放而下，自然要发展到这一步。

二十余年前（约在一九三四年前后），曾访陈寅恪氏于清华园，谈论间，陈盛赞"汉人之经学，宋人之史学"，余深佩其言，惜当时未能详论。异日，再往访之，欲知其具体论旨。晤谈中，陈详论欧阳永叔、司马君实，亦略及郑渔仲。而余意则不与同，以汉人经学当以西汉为尤高，宋人史学则以南宋为尤精，所谓经今文学、浙东史学是也。当时虽尚未有撰述，实早已成熟于胸臆中矣。

浙东史学盖集北宋史学而成，袁清容称为"婺之史学"，以吕东莱、叶水心、唐说斋、陈止斋、陈龙川、王道甫为巨擘。此六家者又各有偏重：吕、叶之义理，唐、陈以经制，陈、王言事功。其实兼北宋新、洛、蜀三派之长。宋濂言："东莱以中原文献之传，倡明道学于婺，丽泽之益，迄沾远被。龙川既居同乡，又东莱之从表弟，反复磨切之，其议论或至夜分，要不为不至也。止斋留心于古人经制，至于宋之文献相承、所以垂世而立国者，亦东莱亹亹为言之，而学始大备。"是二陈之学皆得益于东莱；水心于东莱之学，尤为气味相投。是东莱于浙东史学所系尤重。盖自荆公言变法而礼制之说以兴，方悫、陈祥道、陆佃、马希孟谓王门说礼四家。龚原少从王荆公游，其下而邹浩、陈瓘，而吕本中，而林之奇，而吕祖谦，是东莱实又渊源于荆公，非常明确，而制度遂成为浙东史学之中心。此辈与洛学亦有关系，如《宋元学案》所表见者，但毕竟与朱晦庵纯为理学者不同，故不能据《学案》以言浙东史学。同时如郑伯熊而下有水心、二陈，可称极盛，崇论宏议，著述亦丰。由此而后，蔡幼学、黄溍、吴莱、柳贯、宋濂、王祎、叶仪、胡翰、戴艮，所谓金华文献之传，直至明初，授受不绝。王应麟尤为浙学巨儒。《宋元学案》把这一系统分散入于《北山四先生学案》等篇，以致统纪不明。明清以下，此派几成绝学，唯黄梨洲、全谢山颇推挹之。竟以清世考据学盛，史学终成坠绪。近数十年来，治史之学稍起，但究不脱乾嘉以来训诂考据之窠臼，若言继承文化遗产，尚有待于将来。若以史言，史料不过如药物，而使用药物者医学也，而驾驭史料者史学也。数十年来，国内史学界皆重史料，而绝少涉及文化遗产之史学。浙东史学究为文化遗产之一大宗，而世人知之者竟不多，殊可悯叹！余早年与刘鉴泉氏（咸炘）常相从讨论，刘深于史学，尤重视宋人著作，所撰《史学述林》《学史散篇》《先河录》《右书》各编于浙东史学略具梗概。此与近世出版论浙东学术之徒抄《宋元学案》者不可同日而语。余以尝闻其绪论，稍知涯涘，依以治学，撰《中国史学史》于《中唐两宋》章中论言其事，终恨不能深造宋人堂奥，愿与来学共研治之。

陈傅良（止斋）撰《建隆编》，李微之（心传）曾言："近岁吕伯恭（祖谦）最为知古，陈君举（傅良）最为知今，伯恭作《大事记》，君举作《建隆编》，世号精审。"此书又名《开基事要》，撮太祖、太宗开国数十年间规模统纪，题为之论，因及汉唐以来损益废兴之故，以迄南宋之得失相沿之迹，备见于一编之中。书虽以论宋事为主，而于古今之变亦历历分明言之。惜原书已亡，《文献通考》等所引颇多，不难搜讨轶文以复其旧。陈氏另著《历代兵制》，上论周代乡遂之制，中经汉唐以至于宋，于宋代利害所在论列尤详，殆为南渡后冗兵骄兵而发。

吕祖谦《历代制度详说》，彭飞序此书言："东莱于古今沿革之治、世道变通之宜，贯穿折衷，首尾备见，切于民生实用。"此书提纲挈要，篇为之论，虽备述三代汉唐之事，而要以见宋代得失之源。清世于《永乐大典》中辑出，后八千卷楼发现明代钞本，两本可互相校补，唯仍有缺佚待补。吕氏另有《大事记》，此书为编年体，朱晦庵称其精密；别有解题，有通释，中附古人议论，颇皆精要。如于秦灭六国附《汉书·地理志》，于诸子取《庄子·天下篇》、司马谈《论六家要指》，于六国亡引《六国论》，于秦始皇令男子书年引《中论·民数篇》，它如《诗序》、《书序》、《易系》、《孟子》、贾谊文、司马迁《自序》、刘向《战国策叙录》等皆取之，意在以读子之法读史，寄兴深至。王祎所作《续大事记》，唯见《四库全书》，则终于五代，尚待访求完本。东莱尚选编有《宋文鉴》，李心传说：《文鉴》书成，有密奏云所载臣僚奏议有诋及祖宗政事者。许浩说：有奏《文鉴》多用田野疾苦之事，是借旧以刺今。朱晦庵晚年尝谓此书篇篇有意，所载奏议亦系一时政治大节，祖宗二百年规模与后来中变之意尽在此。叶水心谓此书纲条大者十数，义类百数，其因文示义不徒以文者千余数，盖一代之统纪略具焉。故此书非《唐文粹》《元文类》之比，唯《金文最》（六十八卷本）庶几相近，其意皆在补史。其《十七史详节》《通鉴详节》，皆删繁就简便于初学之作，唯《新唐详节》其所附小注颇有精到处。

叶适所撰《水心别集》，为当时进卷，于宋代得失及历朝政治学术皆所论列。《文献通考》所引水心文字皆在此书。明黎谅编《水心集》已非完书，《四部丛刊》即为此本；清孙衣言始得完本，以之刻于《永嘉丛书》。水心所撰《习学记言》，于经子群书皆有论列，不止于史。其论史，轻《史记》而重班范，亦就史体言之，而异于一般文人就文论班马得失者。其谓欲观周代之详莫如《诗》三百篇，皆具独到之识。于宋代尤重《宋文鉴》，逐卷指点，尤有裨于重宋史者。

吕、叶、二陈文集，多有关宋代史学文字，亦有关于宋史资料，但不多，若为了解各家思想全貌，此皆有用。二陈、水心文集，《四部丛刊》本极善。《东莱集》通行本皆不全，只《四库全书》本完整，然空白处颇多。尝见明慎独斋刻本为全本，只偶一见，能觅得印行亦好。唐说斋集，《续金华丛书》本亦不全，全谢山集中言于《永乐大典》中得其文若干首。《宋二百家名贤文粹》，世尚有其书，皆有待搜求。至《帝王经世图谱》，诚可见说斋宗旨，然于今之治宋史者未为重要（如论《周官》而通其义于《周易》）。今所见者亦只《永乐大典》辑出，闻涵芬楼有宋刻本，不知尚存否。他如陈傅良《永嘉八面锋》之类，非浙学之佳作，不读亦可。

清人最卑视《宋史》，实则《宋史》于廿四史中自有其特殊之价值。唐宋都是"实录"之外另有国史，实录为编年，国史为纪传，北宋之国史经李焘、洪迈修订。元人于二三年间完成宋、辽、金三史七百余卷，如此迫促，何能重修？显然于宋之国史略有点定而已。清人重李焘所修《续资治通鉴长编》，而轻视以焘书（国史）为史底之《宋史》，岂为知类！今《长编》每注《本纪》《列传》云云，与今本《宋史》或同或不同，其不同者显为依李书有所改订，其部分李引与《宋史》相同而与《长编》不同者，则知《长编》为后著之书于国史有所改订，而李在修国史时尚未发现此等错误而已。知廿四史中唯《宋史》保存旧文最多，此最足贵。况是李焘等史学名家所撰修者乎！至《道学》《儒林》之分传，《释道志》之删除，或宋季修改国史之事，或元人所订，皆未可确定。因此此书可认为是治宋史最原始的史料。

《宋会要》之北宋部亦经李焘之手，清人于《永乐大典》中辑出，既多残缺，亦多重复，编次亦较紊乱，尚待校订，始便使用。刘富有校本，蜀中未见。倘刘书不存，中华书局印复印件（据北京图书馆所藏稿本）亦可据以校正。此书所存原始资料最多，量亦大。《宋刑统》亦不可忽，刑法具有指导社会作用，当时社会经济情况大概可于此求之，通常所见有两本，皆待校勘。

朱熹《八朝名臣言行录》，《四部丛刊》本最善，乃原书初刻本（分为《五朝名臣言行录》《三朝名臣言行录》两部）。后来三本皆经删窜，前人议论纷纷，正以未见初刻本而致误。此书为剪裁传、状后附议论而成，于拾遗补缺所益实多。引书至二百多种，皆当时文献，以言原始资料，此宜为最。所行之书存于今者不及四十种，一时名著要籍之佚文颇存于其间，其小注亦甚重要。

李焘《续资治通鉴长编》，搜罗既富，考证亦精，为宋代记注之良书。明钞节本尚多见之。清代于《永乐大典》中辑出，较为完整，然亦有缺佚，别有《续资治通鉴长编纪事本末》，可稍补之。近金静庵氏（毓黻）为作校本，其法最善。《四库》本脱误甚多，又以忌讳违碍，妄为改窜。金氏所校外，余意《宋史》既为国史之旧，为《长编》所取材，更以原本《宋史》校之，宜有补益。焘又作《长编举要》六十八卷，日本所有传本，旧为皕宋楼书，宜访求之。

李心传撰《建炎以来系年要录》一仍李焘《长编》之法，专记高宗一朝之事。另有《孝宗系年录》，宋世蜀乱已不传。清世于内库发现《系年》五巨册，不全，著见《四库提要》。今通行本出自《永乐大典》。亦以忌讳违碍妄为窜改，惜无他本可校。可仿金静庵校《长编》之法，更以《宋史》校之，庶几可复旧观。心传另有《建炎以来朝野杂记》，详于典制，可资考论。

徐梦莘《三朝北盟会编》专记北宋末及南宋三朝宋、金和战事，虽编辑零乱，但征引文献多达二百余种，又系钞录原文，所保存原始资料最多。许刻唐百川校本较善，因其依明钞本，凡清人所改窜字句皆依钞本改正。唯明钞本仍多脱误，国内旧钞本尚多，张金吾藏本颇有名，更加校勘，可成善本。

《神宗实录》系吕公著、吕大防于元祐时修成，以党争激烈，绍圣时由蔡卞、曾布重修，旧录为墨书，添入者为朱书，删去者用黄抹，故称"朱墨史"。宋代变法，二派相争，其所述史实自然不同。清人每以《朱墨史》不存，无以备见两派史迹，不知《朱墨史》之面目备存于《长编》注中。在南渡后，绍兴初范冲又重修《神宗实录》，谓之《新史》，新、旧史异同亦见于李氏书中。详为辑出，则变法史实俱在，可一目了然，省去许多争议空言。

马端临《文献通考》，以《资治通鉴》详于人治而略于法治，故此书殆以补《通鉴》之不足，而于宋史言之尤详。但此书非徒采掇史料，其于史料尚多疏漏，而专在附存历代议论得失之文字，所取亦以南渡诸儒为详。宋季原有《附诸儒议论通典》，与此书相似而取舍复不相同。《通考》所采尤广，议论更为精到，虽兼及三代汉唐，而实详于宋代，为治宋史之要籍。

108

宋代史籍之存于今者尚多。王偁《东都事略》，清世邵晋涵颇称其书，欲作《南都事略》以继之。然其书徒有删繁之功，不为佳作。宋世李心传已有所讥短。杜大珪《名臣碑传琬琰集》，亦保存部分史料，卷轴亦多，但其他见于他书者实多，燕京大学曾抽出其不见于他书者印为三册，惜校勘不精。明钱士升删《宋史》作《南宋书》，意在续王偁之书，亦仅稍简明而已，以言史料、史识，都无可取。明人改修《宋史》诸家，亦皆无足论者。明清续宋元编年之书亦多，薛应旗《宋元资治通鉴》，比之毕沅《续资治通鉴》稍佳。毕书既冗而无法，宋人作长编皆有丛目，清人不知丛目之事，故长编不能善，于去取之间漫无准的。清人《宋金元三史国语解》妄改旧史译名，其误近人多能言之，毕氏一依《三史国语解》，实增读者之烦乱，且又有讹误。近世多行毕书，似不如印薛书以祛其弊。

宋代杂史、野史颇多，余不专治宋史，未能多读。

笔记、文集之类实繁且多，亦颇可取。陆心源《宋史翼》，即从此类书中抄撮而成，如依此求之，何啻倍蓰。但陆氏书尚多挂漏，未为善本。李攸《宋朝事实》，详于典制，足资考论。彭百川《太平治迹统类》，徒钞《长编》，分类纪事，无多用处，远不如《邵氏闻见录》《四朝闻见录》之类，尚足以裨益正史。此类书正多，不能详说，治宋史者宜将此类书材料分类仔细摘出，诚为要务。

读一部书要把它打碎、消化，方能书为己用，要了解这部书是如何"成书"的。

《文献通考》一书有许多史料，用材料应查找原书。查《通典》《通考》，要以正史、有关史籍来核对补充。

地理书没有不校勘的，清人的校勘往往有错。在校法上，以不同版本互校只是一个办法，更要从经注、史注、历史事实上进行考核。沿革地理上的错误，只要一画图就明白了。

初看书不必过细，要注意大处。做学问既要深入细致，又要目光四射。读书粗疏不行，但被小材料所羁绊也不行。

初读《汉书》读不进，现在是处处皆有趣。

读书不难，但必定要下功夫。哲学书读不懂也无法，我读宋人书掉过许多眼泪。

读书做文章都重要，愈作方法愈熟，愈懂得如何读书。

写文章要注意材料的摆法：第一，是不是说明论点；第二，要有层次，要一个证据之上再论证一个证据；第三，总结性材料是不是用在总结地方。用过功的地方虽未写入文章也不辜负，别人看文章会感到后面还有些意思没写出来。

书叠起来随时想问题，往往有启发就是这时。打开书时人为书用，叠起书是人用书时。

上层建筑发生变化，就是经济基础已经起了变化，这是一个苗头，如探矿发现矿苗：制度、文化两条线要搞清楚。

懂哲学讲历史要好些，即以读子之法读史，这样才能抓得住历史的生命，不然就是一堆故事。

研究古代哲学要先研究宋明，再看汉、唐、周、秦。宋明的理论性要深些，容易把周、秦、汉、唐剖析清楚。

清初一段学术无多大毛病，乾嘉时一大堆人都搞考据，把大的东西丢掉了。近来反对烦琐考据，这是应该的。但考据并不是毫无用处，同印度论边界就要考据，"不入虎穴，焉得虎子"。

要搞经学史就要懂经学。清人讲宋以下经学演变讲得透彻，但对两汉六朝模糊。皮锡瑞于宋以下写得清楚，但段落未分明，倒是《四库提要》搞清楚了。学术史不在乎一部分一部分讲出，而在整个文化史各方面要合拍。

廖先生（季平）讲经学与王湘绮（闿运）不同，湘绮不高兴。廖先生说："先生画水，弟子画火，但是画是从老师那里学的，问题不在画水画火。"王的气量并不窄，他长于词章，如果有人说他词章不好，他也听之。王的经学并非所长，若有人说他不好，他就不高兴。

我爱叶水心讲史学。

近人刘咸炘（鉴泉）研究宋史很有成绩，四川人，死得太早，著有《推十书》，其中论宋史的著作不少，值得认真一读。

论学术，不能根据王朝来谈。宋的学术是从唐中叶开始的，经五代到宋初，在宋仁宗时形成。唐有唐的学术，《新唐书·儒学传》提出大历时的"异儒"，就是反对唐初以来传统学术那一批人。唐初"正义"的学问，完全是发挥汉晋注家的解释，守前人之言。异儒出来，一齐推翻，有自己的理解，汉晋都不要，既不要"注"，自然对"正义""疏"也不要了。新的一派讲义理之说，经过五代到宋初，异儒大多在民间，有许多隐士。直到仁宗庆历时新学全盛。唐的这个异儒之学开了宋学的先河。可见文化的更迭不是与王朝断然截分的。但中唐中叶以后不止是义理之学的新经学一方面的兴起，如古文学为当时的新文学（骈改散）。史学方面要学《春秋》的褒贬书法，明辨是非，这是新史学。哲学方面，在中唐以后许多人讲周秦诸子，即要求要有思想，而旧的考据、训诂则没有什么思想。因此中唐以后讲、注诸子的渐多，提出了孟子、荀卿、扬雄、王通，把儒家思想提出来讲。到了北宋，去扬雄，认为他没有什么思想；后来，也看不起王通；再往后，连荀卿也看不起。于是，就只剩孟子（《孟子》）；又渐次表彰《中庸》（唐时已开始）和《大学》，宋人的哲学出来了。在中国哲学史上，重视周秦诸子的时候并不多，但在讲周秦诸子的时候，就是学术要起变化、要发生新学术了。魏晋的时候，打倒两汉传统，建立魏晋学术，诸子之学兴起了，但始终处于怀疑的过程中。以立异善变自矜，没有肯定地得到什么，而迂固者流又惕然忧之，岸然拒之。唐人作"疏"用汉人的"注"，其疏底是用六朝人的，特别是梁朝的；所不同者，六朝之书专守某家，所谓"宁道孔圣误，不言郑（玄）服（虔）非"，这是墨守，以与怀疑者对抗。六朝的佛学没有纯粹的印度佛学，唐不同，玄奘就是一句一名地宗印度人讲。但是，中唐以后，不管何种传统，一齐推翻，又是讲周秦诸子的时候，不仅给诸子作注，许多人自己还作"子书"。经宋到明初，仍是宋的学术。直到正德、嘉靖才转变，首先就要推翻宋人学术。正德、嘉靖时，前七子、后七子，"文必西汉，诗必盛唐"，宋人的诗文都不要。虽不敢公开讲反理学，但倡言"不读唐以后书"，其意就在反对宋学。清人学风即沿此而来，反过头来讲章句、训诂、名物、考据。清代后期开始有人摸诸子，民国初讲周秦诸子之风很盛。因此，讲宋学的始末，应自大历到正德止。

北宋学术，庆历以后为新学术，有三大派：一是洛学，二程；二是新学，王安石；三是蜀学，三苏。南宋时，洛学行南（由杨龟山带去），蜀学行北。浙东史学的渊源从王荆公来。北宋时，学理学的人少，也曾受到王朝的反对。不是二程一出来就为社会所信奉，当时把洛学、蜀学都称伪学，最盛是新学。①

凡言开创学派，必非一人之力，亦非一时可就。人才在乎培养，学派成于讲习。有三数人共治一学，互相影响，互相启发。三数年后，则学派成矣。如川剧周慕莲等，到重庆保持川剧之旧意味。成都川剧，则渗入话剧，演员吐词清楚，而与重庆异派矣。浙东

① 自"读一部书要把它打碎"以下十九条摘自胡昭曦《谆谆教导终生受用——怀缅文通师》，文载胡著《巴蜀历史文化论集》，巴蜀书社2002年5月第一版。

史学，非但全谢山、万斯同诸人也，浙东史学家皆熟
于《文献通考》。《文献通考》所录宋人叶水心、陈
同甫诸人之文，即开启浙东史学。章太炎教蜀人须熟
三通，盖三通真乃通史，二十四史不过可以补三通，
不足为通史也。史，必须于制度上求其通，知其一脉
相承者何在，先明其制度，则知其通矣！王应麟《汉
艺文志考》，即通两汉诸史，以证其通者也。《明夷
待访录》虽只一册，然其于历史制度，脉络相承，分
明如画。为之疏证，亦非成数卷之书不能为功。此即
所谓通史之学也。故不专制度，不足以为通史。今日
之治史者，必须先以制度入手也。

今世之治史者，先言古史，顾颉刚之《古史辨》是
也。后乃推及沿革地理，顾氏又有沿革地理之作。后乃
推及民族。最后乃推及社会制度，陶希圣等为之。顾
始作《古史辨》，后作《禹贡半月刊》。陶办《食货杂
志》，汉代为奴隶制度，南北朝乃为封建社会，陶已言

之。今人固不知两汉之有均产制也，亦不知南北朝时行均田制者，其时大地主固安然无恙也。东汉时有田客，田客非即今之佃客也。田客可以由主人转卖，五胡多数即为田客。石勒等人，故曾经被驱卖者；刘渊诸人，即卖而哗变者。故人但知有"五胡乱华"为民族矛盾，而不知此中有阶级矛盾也。又，东汉人有拥田客至千余者，此岂寻常佃客乎？

两汉会要，未为完备。《食货志》最不易读，以其中多当时官牍文字也。今日为史，当先求通史之名物训诂。清代人治经，两经解尝能通名物训诂，然则史学不当先作《史学纂诂》，如今日《经籍纂诂》之流乎？今日陈援庵、陈寅恪诸人尚在，尚可为也。史，宋代乃有学，此学之绝久矣！今日言文学史，尚有脉络可寻；而哲学史，则无一佳者，以哲学自宋以后亦绝无解人也。故不通制度，不能得其相承嬗变之迹，不足以言史学也。余近论一条鞭制，知明世之所以能为此者，以北方经济，其时已渐与南方通同，此乃可以南方之制度行之北方。其实，两税制即一条鞭也。《周官》即制度，纵云伪造，不能晚于汉代。然则汉代制度，即当受其约束。有所约束，乃足以窥见制度之原。不然，徒纷乱无条理也。（按蒙先生此论，实则廖氏学派。廖之于经，固从王制以统今文，以礼制分今古者也。）

杜甫在成都，生活最为丰饶。时有达官过从饮酒。就其诗中考之，所有草堂全部各房舍计之，占地约百亩左右矣。六朝时之草堂寺，距城十里，今已不在。杜甫草堂，距城七里。杜去后，其地为□□居，后舍宅为寺，即今之草堂寺也。

余初到东南，其地言学者与四川相近，故无所轩轾。到北京，日与诸人讲论，始闻孔子不删六经之说，甚异之。后乃熟查之，周代故无孔子定六经之说，此特汉人之说也。周人亦罕言六经，《王制》，乐正崇四术。荀卿始亦不言六经，后偶言之。《天下篇》非庄子作，不足据。六经，盖至荀卿始总成之。《易》本道家之说。江东子弓则南人。荀子取南人道家之说以入儒家，此为儒家之发展。六经经传以千万，仅存经为儒家正宗矣。①

孔子说："民到于今受其赐。"孔子又批评周公反政是"以天下让，不为兆民"。此两"民"字皆包括统治阶级与被统治阶级。

晚周诸子并皆作"经"，《荀子》引《道经》，李耳作《道德经》，《墨子》书有《经》与《经说》，李悝有《法经》，《韩非》《管子》亦并有《经》及《说》。诸子取其学说之精义简括以为"经"，儒家则取古文献以为"经"；故诸子之经言多精奥，而儒家之经则文多朴拙。

墨子《尚同》主张选天子、三公、卿宰、将军、大夫，而不言选诸侯，其意是欲废诸侯。荀子则不然，认

---

① 以上五条录自《赖皋翔文史杂论·史论》。

为："世俗之为说者曰：'尧舜擅让（杨倞注：擅与禅同，埤亦同）。'是不然。""尧舜擅让者，是虚言也，是浅者之传、陋者之说也。"（《正论篇》）他主张"论德而定次，量能而授官，上贤使之为三公，次贤使之为诸侯，下贤使之为大夫"（《君道》）。显然是不主张选天子而主张选诸侯。其《王制篇》曰："虽王公士大夫之子孙也，不能属于礼义，则归之庶人；庶人之子孙也，积文学、正身行，能属于礼义，则归之卿相士大夫。"则是虽主张选诸侯但反对世卿。荀悦在《前汉纪》卷五说："《春秋》讥世卿不改世侯。"正是祖述荀卿之说。汉初以为秦不封建而亡，于是大封同姓诸王，封建之论复活，贾谊《过秦》为其代表。又鉴于诸侯强大而有六王七国之难，遂有"非刘不王、亡功不侯"之誓，后竟令诸王不得治国，诸侯虽得袭封但不得世卿，后亦止得食禄，后竟但有名号徒存其名而已。西京儒学初盛时，正值封建论复活，儒生遂有射以封侯之说（《射义》），而附庸三等、元士受封之说、采地之说皆因之以起。今文家取墨家之选天子，是为取消世袭，而又承荀卿不废世侯之说，显为自相矛盾。此殆与董仲舒"继体守文之君不害圣人受命"之说有关。

自《左传》《国语》下及诸子，称引古帝神农、少昊、遂人、有巢众矣，而《尚书》始虞夏，至《史记》作本纪始黄帝，《汉书·人表》始庖羲，《史记》之说沿于《世本》，《世本》《竹书纪年》皆始于黄帝。《左》《国》诸子虽言古帝王而先后之序固无明说。邹衍之说始黄帝，《史记》等以轩辕为黄帝，而楚人风胡子谓轩辕、神农、赫胥之时以石为兵，黄帝之时以玉为兵，是轩辕非黄帝。而注《左氏》者谓帝鸿氏为黄帝，则说又不同。《史记》以黄帝时神农氏衰，炎帝欲侵陵诸侯，是以黄帝、神农、炎帝为同时。管子论封禅则以神农后有炎帝。《盐铁论》以黄帝诛蚩尤杀两皞，是太昊、少昊亦与黄帝为同时，固难以先后言也。《管子·轻重戊》言黄帝作钻燧生火以熟荤臊，民食之无兹胃之病，而天下化之。则黄帝即遂人也。是黄帝果为何人诚不易言。《蒋子万机论》言黄帝初立，四帝各以方色称号，交共谋之。《淮南·说林》言黄帝生阴阳，上骈生耳目，桑林生臂手，此女娲所以七十化也。高诱注说：黄帝，古天神，始造人之时化生阴阳也。《淮南》之旨应本之邹衍，是邹衍之言黄帝不定轩辕氏也。《五帝德》《帝系姓》之说与《世本》《纪年》同，如说舜死苍梧、青阳降居江水，说皆战国晚期之言。与孟子说舜卒于鸣条不同。故知邹衍所云黄帝，即首出之人耳。《汉书·人表》始伏羲，应依《世经》为说，本之《易·系辞》。

《淮南·天文》：昔在共工与颛顼争为帝，怒而触不周之山，天柱折，地维绝，天倾西北，故日月星辰移焉；地不满东南，故水潦尘埃归焉。又其《原道》：昔共工之力，怒触不周之山，使地东南倾，与高辛争为帝，遂潜于渊，宗族残灭，继嗣绝祀。此以颛顼为高辛耳。《华阳国志》三昌意娶蜀山氏之女生子高阳，是为帝喾，封其支庶于蜀。此或本之《蜀王本纪》，而皆与《史记》不同，殆南北之传各异，未可谓异于《世本》《史记》者即皆误也。^①

《商君书》言："金一两生于境内，谷十二石死于境外。金一两死于境外，谷十二石生于境内。"知于时金一两与谷十二石相值。《汉书·食货志》言："李悝为魏文侯作尽地力之教，一夫治田百亩，岁亩收一石半。……余四十五石，石三十，为钱千三百五十。"如以李悝所云计《商》金谷之价，十二石为钱三百六十，此六国时一两之价也。而金一斤之值为钱五千七百六十。《抱朴子》云："古秤金一斤于今为二斤，率不过值三十许万。"此晋时之值。唯权量比重先后不同，然金价之增高可概见也。

---

① 大致写于1960年前后。

知晚周慎到、尹文各家之论，然后知《淮南》之义所从出，其言每有所承（《淮南》似以慎到学说为多），亦有所反驳；深訾儒墨，皆以诋当时肫肫于礼法之人（即今文学家）。《淮南》之前《管子》书已成书，已汲汲于言制（礼），贾谊、晁错取之以论汉事。当《淮南》之世，河间献王收雄俊众儒，论上下三雍宫，撰《礼·乐记》五百篇，殆为北方学之大成，而汉武帝取之；《淮南》则南方学之大成。《尚书大传》《韩诗外传》颇言礼制，说义亦精。《礼记》《易·系辞》则专言义。董仲舒则似隘，刘向精义似过董子，但不及伏、韩，其广大犹足继《淮南》。汉武帝颇改定制度，《公孙弘传赞》言："制度多阙，上方欲用文武，求之如弗及。""是以兴造功业，制度遗文，后世莫及。"韩婴论性及取《荀子·天论》，皆似为董仲舒而发。《韩非》并訾儒墨，是当时墨学大盛。《荀子》诋墨翟、宋钘特多，《天论》诋阴阳家，亦墨学流派，似当时儒家已取代墨学。《淮南》多处儒墨并举，亦儒墨汇合之意。《吕氏春秋》十二纪取之明堂，亦即言制度。《淮南子》自称"刘氏之书"，似以汉家之统自负；文、景、窦太后皆好黄老，《淮南》以黄老为宗，显承文、景之绪。汉武帝重儒术，《淮南》以黄老为汉家之统，必反汉武，汉武重儒术，必斥《淮南》。

陆贾《新语·术事》云："书不必起仲尼之门，药不必出扁鹊之方，合之者善，可以为法。"是西汉之初尚知六经不必出于孔门，是孔子删《诗》《书》、订《礼》《乐》之说尚在此后。

《世经》言："郯子曰：昔者黄帝氏以云纪，炎帝氏以火纪，共工氏以水纪，太昊氏以龙纪。郯子据黄帝受炎帝，炎帝受共工，共工受太昊。《祭典》曰：'共工氏伯九域。'言虽有水德，在火木之间，非其序也。任知刑以强，故伯而不王。秦以水德在周汉木火之间，周人迁其行序，故《易》不载。《易》

曰：'包牺氏没，神农氏作。'言共工伯而不王，虽有水德，非其序也。"刘氏之意，引《左氏》《祭典》以证羲神之间确有共工氏之王天下，唯以水德，不符五运，故周人作《易》黜共工不以为王。秦事亦同共工，此之退共工，殆以黜秦也。《始皇本纪》后附班固《典引》言："周历已移，仁不代母，秦值其位。"《索隐》言："仁恩之情，子不代母而王，谓火不代木，言汉不合即代周，秦值其闰位，德在木火之间也。"斯见汉之儒者固不以秦当帝王之列也。五胜论始邹衍，而此言子母则为相生说，本始于刘向。《郊祀志》言："刘向父子以为帝出于震，故包羲氏始受木德，其后以母传子……昔共工氏以水德间于木火，与秦同运，非其次序。"则显然此说始于刘向，实比共工以绌秦耳。而推其说于《大易》，以见虽据帝王之籍，可以义绌。则五运之说虽荒诞，固其微旨之所在也。至习凿齿论晋承汉统而绌魏曰："今若以魏有代王之德，则其道不足，道不足则不可谓制当年，当年不制于魏，则魏未曾为天下之主，王道不足于曹，则曹未始为一日之王矣。昔共工伯有九州岛，秦政奄平区夏，鞭挞华戎，专总六合，犹不见序于帝王，沦没于战国……是故故旧之恩可封魏后，三恪之数不宜见列，以晋承汉，功实显然，今子不疑共工之不得列于帝王，不嫌汉之系周而不系秦，何至于一魏犹疑滞而不化哉！"斯则书生斧钺足削帝王之统，斯又进于《春秋》之贬天子、退诸侯也。习凿齿既以共工秦政之比退曹魏，萧颖士盖亦因其义作编年，黜陈闰隋以唐承梁，在明则王洙作《宋史质》以明继宋，辽金两朝列于外国，元一代年号亦尽削之。于宋益王之末，即以明太祖之高祖追称德祖元皇帝者承宋大统，然则正闰之论若迂诞不经之言，而其用固有在也。刘向言王者必通三统，明天命所授者博，非独一姓也。是五运三统之义又乌可忽哉！

《左氏》不传《春秋》一语，在西汉及东汉初年今、古两家皆同此主张。刘歆后之《春秋左氏传》谅已有凡例之文。而卫宏、桓谭亦赞助《春秋》不为经，不祖孔子之义，非范升如此说而已。其事甚怪，谅有别说，而今不可考。刘敞、陈傅良、黄泽、赵访乃有《左氏》旧史策书之法之说，于理为近。此篇于谭《春秋》裨益非鲜。五十凡例《左氏》及孔子之《春秋》各为一事。《左氏》与孔子事义已多阻隔难通，三者成书时代不同（性质亦异），能分别一一考之尤善。（前在金陵曾嘱李浚清君考，今不知有文字否？）①

张衡之九宫，与纬相涉，而与谶相反，衡之天文为古代科学之高峰，则纬又未可非也。②

清世论今古学派者，似仍就东汉后期今古之分立论：如公卿大夫士为爵，而六官为官；《王制》亦五

---

① 跋杨向奎《略论"五十凡"》。
② 估计写于20世纪50年代。

官，三公参五事。五等地本不足据，三军即三等地；《白虎通》言四军颇有理，《董子·爵国》亦好。"封建""井田"二者是今文家与法家不能协调者，但政治总是社会经济的反映，封建在汉是有名无实，井田亦不能行，就是社会经济变化所决定的，尽管今文学当时在学术上政治上都占主要地位。

《风俗通》和《论衡》同是反对世俗之错误与迷信。

《汉书·古今人表》所录多为汉前远古时人，已非《汉书》范围，班固何为专篇载之？盖班书之作本以接续缀补史迁所未录，核之各志传可明见也。而《史记》所载古人止于黄帝，不录者多，作《古今人表》正所以补之。

颜延之《庭诰》言：《易》首体备能事之渊，马、陆得其象数而失其成理，荀、王举其正宗而略其象数。又曰：荀、王得之于心，马、陆取之于物，若荀、王之言《易》，可谓极人心之数者也。是知荀、王之易与马、陆之言玄，二宗对峙，平分江河。荀悦《汉纪》言：故南郡太守马融著《易传》，颇生异说。及臣悦叔父故司徒爽著《易传》，据爻象承应阴阳变化之义，以十篇之文解说经意。谓马为"颇生异说"，则马氏之先宜未有以象数言《易》者，而荀自为正宗，梁丘、施氏以来固如是也。异说源于孟、京，悦皆在章句之外，若后传《易纬》之流，爽固辨纬书之不足信者也。乃传荀学者集九家义以乱之，不尽荀旨，以王、韩辅荀之不足，庶为近乎！[①]

《汉书·地理志》和《续汉书·郡国志》都是正史的地理志，但两书的写法不同。《汉书·地理志》详于古今地理山川湖泽的变动，而《郡国志》则详于郡国分合和地名变异。因两汉相去未久，地理上无甚变动，所以司马彪从另一方面来写《郡国志》。读古史的人对地名的变异和疆域的变动感到繁难，但疆域的变动很明

---

① 略作于1941年至1944年间。

显，地名的改易也烦琐，要解决这些问题并不太费力；从事地理变动的探讨则比较难，可说是深一层的研究。有些人把两者相混淆，这是不利研讨问题的。①

汉高祖令商人不得衣丝缟，可能即陈豨反赵代之因。陈豨养宾客千余人，其将王黄、曼丘臣皆故贾人。豪杰起而亡秦，汉景武抑豪族，以吏治善而强盛。六代放任豪族，因以衰乱。魏武、宋武诸人暂得小治，是亦能抑豪族（土断）之故。自汉至隋皆以对豪族之政策为盛衰治乱之本。秦末系豪杰亡秦，助长此一势力之发展；新市、平林、赤眉、铜马起而反对王莽，王田之制因之崩溃，豪族未受大影响；黄巾为汉末军阀所消灭，未能改变汉代社会恶习，魏武虽抑豪族然未能彻底。高欢本为北魏末年六镇起义之将领，后脱离义军投靠军阀尔朱荣，六镇起义失败后，义军余部受到尔朱荣契胡族之欺凌，高欢乘机取得义军余部统帅权，逐步转变为其

———————

① 此条略写于20世纪60年代初，因稿笺有破损，整理时略有增补。

一己之军事力量，后而发展演变为东魏、北齐之实际创建人，实亦可谓为篡取六镇起义之胜利。三国时豪族已发展至极为严重，豪族拥有部曲佃客，因之官府军队亦变为世代为兵之身分性"士家""兵家"。而税制亦用户调制取代两汉之租赋制，户调以户为征税对象，显可有利于拥有部曲、佃客之豪户。[①]

从范应元、董思靖、李霖诸家注引朱子之说可见理学家讲《老》之法。宋人讲《老子》多精义，系受理学家影响，明儒亦然，但明人书不易寻。焦竑《老子翼》较易得，焦书引李卓吾说亦多，此为王学一派讲《老子》要籍，可与朱子解《老》对看。

文与可说陈抟之学从四川得来，见《老学庵笔记》，陈抟之学极广博，开启两宋。

三教分合：自源头上看，晋、唐时绝不能合一；理学虽启于陈希夷，实亦受禅宗影响；全真后出，亦显受

---

① 原稿文字太简，整理时略有增补。

禅宗及理学之影响。故自其流言之，后之三教虽别而相互影响更深，甚者则明倡三教合一之说矣。

宋南渡后，罗泌撰《路史》四十七卷：其《前纪》九卷，述初三皇至阴康、无怀事；《后纪》十四卷，述太昊至夏履癸之事；《国名记》八卷，述上古至三代诸国姓氏、地理，下至两汉之末；《发挥》六卷，《余事》十卷，皆辨难考证之文。泌《自序》谓：皇甫谧、谯周、小司马、刘恕，其学狭浅不足取信，苏辙《古史》未为全史，因著是编。《尔雅》训路为大，所谓《路史》盖曰大史也。泌多采纬书，至于《太平经》《洞神经》《丹壶记》之类，皆道家依托之言，殊不免庞杂，引据浩博，考证辨难，语多精核，固未可尽以好异斥矣。[①]

《通考》以户均人口之少为趋末业之众，此说颇有道理，盖农业生产发展提高，农村购买当亦提高，而商

_____

① 此稿可能写于20世纪50年代。

业、手工业亦必相应发达，以满足农村需要，社会分工亦进一步完成，四川宋代王小波起义即反映出手工业在农村之发展。

新法行后，自商税、酒税、盐税看，实有害于国民经济；自国家财政看，应当有所补益。然考之元祐元年范纯仁以国用不足建请复青苗钱，于是四月二十六日指挥以散及一半为额。此时为何反有国用不足之事，殊为足疑。稽之苏子由《元祐会计录收支叙》言："今者一岁之入，金以两计者四千三百，出之不尽者二千七百。银以两计者五万七千，而出之多者六万。钱以千计者四千八百四十八万（除末盐钱后得此数），而其出之多者一百八十二万。绸绢以匹计者一百五十一万，出之不尽者七十四万。草以束计者七百九十九万，而其出之多者八百一十一万。然则一岁之入不足以供一岁之出矣。故国之经费折长补短，常患不足。"由此观之，显然不足。依《虞策本传》所言：仁宗皇祐时收入为三千九百万，英宗治平时收入为四千四百万。与《朝野杂记》所言大致相同。《杂记》又言：熙丰间合苗、役、易税等钱，乃至六千余万，元祐之初除其苛急，岁入尚四千八百余万。此数与《元祐会计录》合，可知《杂记》所言宋初以来历朝岁入皆官书，元祐岁入已高于治平、皇祐，尚感不足，是知熙丰之间历行新法，岁入大增，而岁出则未大减，如官略减于前而俸反略增于前，此即政府财政未能有节支之效果也。[①]

熙丰变法问题全部写成略为：第一部为北宋初年的经济情况。第二部为宋的贫弱之原。第三部为庆历前后思想的转变与变法。第四部为变法的具体实施问题。第五部为王安石的学术和新党。第六部为变法后的效果。第七部为元祐、绍圣以来的争执和表现。第八部为北宋变法的史料问题。现已将有关各项史料收集抄出，大体

---

① 此稿当写于《北宋变法论稿》之后，故未收入《论稿》。

约四万字左右，以后再逐段写出。[①]

越国有许多王侯君长，时当春秋战国之际，列国已普行郡县之制，是越之社会发展较列国落后，吴亦大略如此，故国多内争，《庄子》言越人三世弑其君，吴国弑君亦多。其情大类女真、蒙古，女真与汉人接触较久，故能较快平息宗室内争，而蒙古则最终导致汗国分崩瓦解，此亦所谓"越以此散"也。皆以社会发展落后，政治组织上尚不能实现中央集权也。

戎狄兴衰不常，分合不一，迭为雄长，殆亦常事。匈奴既去，檀石槐来居之，匈奴余民悉称鲜卑（匈奴原即有鲜卑、乌桓、敕勒）。檀石槐，大漠南北皆自以为鲜卑。拓跋原不必鲜卑，故《南齐书》亦谓之匈奴，以为李陵之后。其后之渤海、契丹、女真、蒙古、满洲，大致皆然。

---

① 现存《北宋变法论稿》手稿，与此稿所说"约四万字左右"大致相合，唯第二、三部则颇不足。此稿略写于1956—1957年间。

《汉书·地理志》记巴、蜀、广汉、犍为、越嶲五郡共有户七十六万五千四十八，《续汉书·郡国志》记五郡和广汉、蜀郡两属国共有户一百一十六万七千五百一十九（犍为属国不在今川境故不计）。巴郡在《续汉志》是三十一万六百九十一户，到桓帝永兴二年但望上疏说：按《巴郡图经》户四十六万四千七百八十。以此推之，在桓灵时，巴蜀五郡和两属国应有一百五十万户。到了三国蜀亡时，王隐《蜀记》说李虎送士民簿户二十八万、男女口九十四万，将士十万二千，吏四万，共计人口一百零八万二千。从《晋·地理志》看，梓潼、广汉、新都、涪陵、巴郡、巴西、巴东、蜀郡、犍为、汶山、汉嘉、江阳、越嶲十三郡共十五万九千三百户，虽蜀汉北有汉中、南有牂柯诸郡在内，但也不过三数万户，可见仍不能和蜀汉相比（这可能是变为田客的数字太大了）。刘宋时益州有二十一郡、别有梁州七郡、宁州二郡、荆州二郡，皆有川境，合计户数共十二万四千（平均一户六口）。《齐志》不记户口，梁并无志。从邢峦请伐蜀的奏章看，他说"益州殷实，户口十万"。《北史》说王足进攻涪城，"益州城戍降魏者十二三，民自上民籍者五万余户"。以此推算，梁时蜀地民户也仅是二十万户到十五万户之间。隋开皇时蜀境二十州，只蜀郡有户十万五千，巴西郡有户四万一千，其余有三万余户者止三郡，有二万余户者五郡，一万余户者止五郡，止数千户者五郡，共计不过四十九万余户。唐开元时，剑南道三十七州（内四州无户数），又山南东西道十四州、黔中道二州在今川境，共计户一百一十七万五千四百五十七。这就略等于《续汉·郡国志》户数，但仍不能和汉末永兴二年的户数相比。北宋川峡四路有户一百八十余万；南宋绍兴三十二年四路共计户二百六十六万一千二百二十八。（《宋志》误以淳熙四路总数为成都路户数，现从《宋会要》计算。又利路兴元府大安军、洋、文、阶、凤等州，夔路施、珍、思、播诸州，都不在今川境，应该除外，但《宋志》此等州军或无户数、或仅有崇宁元年户数，无绍兴数，因无法计算，不便剔除。）总之，两宋比两汉户口都是远远超过。蒙古灭宋，至元十九年四川只有十二万户，明万历六年四川有户只二十六万，都大减于前。清乾隆以后又才猛增。①

岷江以东之山本称湔山，今松潘于汉为湔氐道，自松潘至灌县此一山系皆名湔山，岷江以西方为岷山。灌县有湔堰即因湔山。彭县关口之水即汉之湔江，直至泸州皆为湔江，六朝以下名称屡易，或称绵雒水，或称资水等等，至清方称沱江，此非古名；自郫县至成都北门之水方为古之沱江。

《汉书·地理志》蜀郡绵虒（汶川县）："玉垒山：湔水所出，东南至江阳（今泸州）入江，过郡三

---

① 约写于1960年前后。

（蜀郡、广汉、犍为），行千八百九十里。"案上文，此即今所谓沱江。《汉志》又载绵竹"紫岩山：绵水所出，东至新都北入雒"。同书又载雒县（今广汉）"章山：雒水所出，南至新都入湔"。案以上三水在新都合流：绵水入雒，雒又入湔，湔至江阳入江。《汉书》无湔水入都江之文，不知为此说者系据何书。绵虒汉县，治今岷江侧之汶川，绵虒所辖东山为玉垒山，亦即今彭县之西山，由松潘南至灌县岷江以东之山皆名湔山，湔山为大名。郦道元作《水经注》，道元北魏人，时南北隔绝，不知西南地理，于四川、云南水道大部皆错。彼见《汉书》湔山绵虒，绵虒治在岷江，遂以绵虒玉垒所出湔水亦入岷江，此误自六朝始。郦氏《江水注》既言"又有湔水入焉"，此叙在都安县上；而在同卷又言："江北左对繁田，文翁又穿湔滨以灌溉繁田千七百顷，湔水又东绝绵洛（雒）径五城略。"此繁为繁县，五城为六朝于广汉分置之西五城。同卷又言："洛水又南径新都县与绵水合，水出绵竹县，又与湔水合。"此郦氏于同篇中自相矛盾，后二文与《汉志》合，正确；前一文误。后世各书于湔水说法不同，皆始于《水经注》。至于嘉庆、光绪两《彭县志》之问题，不知修纂者为谁，亦不知立说根据何在？①

焦循诚为清代有地位之汉学家，其《孟子正义》原是部好书可取。至其作《易通释》《易章句》二书，便有差别。焦氏易学与汉易无关，他别从一术士学洞渊九容之教（此事似见于焦氏《周易补疏自序》中，刻未去检原书），与张惠言、惠栋等讲虞氏易不同，是否可将二书删去。文通昔从廖季平、刘申叔两师受学，两师极重视《白虎通义》和《五经异义》二书，令学生于习《说文》后即读此两书，以为经学入门，因刘师后来分析今古最细密，此种学术方法是清季才开始的。二师最重这一点。此两书有陈立《白虎通》、陈寿祺、皮锡瑞《五

---

① 摘自复庄巨川函，略作于20世纪60年代前期。

经异义》三家疏证，似可增入。这是清末一大进步，乾嘉诸老尚不解此，这三书可否加入。《五礼通考》是汉学未成熟时的书，卷轴虽繁，唯所收多为唐宋明之史事，与经学关系少，所收汉人师说亦少，于治经鲜所补益。整理区处经中礼制实以江永《礼书纲目》为佳。至于礼家师说搜罗宏富，实以孙诒让、黄以周二家为优，二家皆已收入（黄氏礼说应附《通故》之后印出）。余则林昌彝《三礼通释》收清代经师成说较富，书出较晚，唯皮希瑞论及此书。[①]

以上据手稿整理

[①]　摘自与中华书局函，作于1962年9月22日。

理学札记

一

能运水搬柴的是这个，但这个却未运水搬柴。冬月二十。

理不离气，但不可着在气上看。

虽至愚极恶之人，本心亦自皎皎，但羞恶之心不胜其宫室妻妾之欲；故"心之精神谓之圣"。

　　宫室与羞恶皆气也，能辨理与欲者本体也。愚夫愚妇只是从气血上去，羞恶之心却慊然放过；圣人是从本体上去，从理上去，战胜了血气之私。此见本体不染一尘、不舍一法，彻乎心气而不落在心气里。

要本心能胜放心，仍是养气之功为切要，是谓克己。

仁如春之生，为流行之方始，而义，而礼，从微以至著；智则如冬之藏，溥博渊泉，为时出之本。二十一日。

　　仁为气之流行之始，智其寂然之本体也。

才一收拾提撕，以理直上直下，如立卓尔，精爽透切，倍觉有力，只此是敬。二十三日。

一性流行，充沛自见，一发一尘，莫非天则。

物物纷陈于前，无非是理；理之纷陈充塞于前，须当默而识之，动而循之。二十四日。

天地万物，生生不息，直而已也，即此是敬。

无动而非静，无物而非理，本体原如此。

　　工夫在动而识其为静，物而识其为理。

此理直上直下，透彻万物，亦透彻虚空，此谓打破虚空。在静为虚，在动为直，一理而已。

圣人是无过不及的。愚夫愚妇是为所不为、欲所不欲、亏了本体的。圣人清明在躬，养得气清，则天理自见，由之则无动而非天理。工夫全在养气上，本体岂容毫末工夫，见得本体时，便一切随他本体，是谓尽性。
二十五日。

思虑未萌，寂然不动，吾心自了了这个寂然不动。
二十六日。

　　著在寂然不动上，亦是思虑。即此是本体流行，
　　非由我勉强得来，亦减他不得，便是何思何虑。

思虑未萌，象湛万寂，一切皆是本色，日用云为，
须见得本色有合有违。

寂然不动，思虑未萌，万象森然，惊天动地。
二十七日。

动容貌，正颜色，出辞气，一依天理，此践形尽性
之学也。二十八日。

不思善，不思恶，一团血肉，和泥土一般。充满天
理，即是本色。要作即作，是如此即如此，是谓其动也
直。二十九日。

未发，天理也。观未发气象，是默识天理。腊月初

一日。

无动非静，从太极上立脚跟。

万物皆此生意，充塞宇宙，一身何莫非此生意。初
二日。

一心澄然与天地合德，即是天理之全，即是浩然
之气。

为其所不为，欲其所不欲，饥渴为心害，皆是志不
胜气。志胜其气，斯为心气合一，所谓养其大体也。初
四日。

耳目手足，即性也，即万物，是天地之性也。初
八日。

    耳目手足，各有本色，非性而何。天自天，地
自地，万物自万物，各有其性，复通为一性。

世事、人情、物理，莫非天理，毫发不苟，即是率
性尽性。初九日。

草木之生，由根本至枝叶自有一段生意。根本枝叶

可见，而生意则非耳目之所能见。各物皆有本性，如医家所谓药性；物可见，而性则非耳目之所得见；此不可见者，正所谓生之本也。仁，也如桃仁、杏仁，只这一点仁，便可生枝布叶，至于寻丈。仁即是生之本，而性具焉。人亦犹然，耳目手足，四肢百骸，其可见者也，亦自有一段生意；则不可见而具乎心者，仁义礼智之性，行乎日用云为之间。性也，仁也，何尝可见；不可见者，无声无臭，而不可谓之无，知者默而识之可也。初十日。

寂然不动，感而遂通，善言性者也。寂非可见，感者寂之感，亦何尝可见。未发之中不可见，已发之和亦不可见，夫形上之谓道，道可见欤！凡可见可闻者，器也；使器之中节者，则道也，性也。故已发、未发，皆说性渺无声臭之可言也。十一日。

己丑之冬，读宋明诸大儒书，日有所记，以自验耳。兹重录首数页，略以近见批识之，又稍有别。年踰五十，愿以是终身焉。庚寅花朝日。

理者，气之理，直上直下者，气之迹，而理岂有迹耶！气之流行，而理亦因之流行；然理非流行，非不流行。寂然不动者，理也；感而遂通者，亦理也。寂感皆理，动静皆性也。著于动、著于静而观性，皆非知性者也。十一日。

自静观性则曰虚，冲漠无朕。自动观性则曰直，万象森然。

理只在气上见，但不可执气即理。气无不动，理亦可于动上见，但理自非动非静。

感而遂通的，即是寂然不动的，故无感而非寂，无时不感，只当于感上看出寂的意思。此之谓观未发气象，此之谓随处体认天理。

视听言动，四肢百骸，莫不有个天则，只顺天则即是践形尽性。

天之生物，自有一段精神，不稍苟且，即是敬以直内、义以方外，即是内直者之形于动静者耳。不能方外，只是未能直内，内外原是一样工夫。

心敬，则精神整肃收拾，生意盎然。身敬，则百体端严、沛然天则。

心之精神就是心力。十六日。

寂然不动者，理之一本；感而遂通者，理之万殊；阴阳五行者，气之万殊；无极太极者，气之一本。十八日。

读《圣学宗传》，乃知此编大有功于朱子，过阳明《朱子晚年定论》远矣。朱子著作多，其知解确有未透处，由陶氏书读之，则朱子体认所得，陆王所至处，朱子尽有之。盖道南学脉原有所在，陆王朱子，用工处固无二也。

罗整庵辨心之灵与性之理固当，又极论理气不可分为二，但不可认气即理，所发明实皆肯要。但遽以此少陆王，并少朱子，则不免以一己早年之误为前人终身之误也。其释《孟子》良知良能一章，谓知能乃人心之妙用，爱敬乃人心性之天理，其分别亦何尝不是。然除却爱敬，知个甚底，能个甚底。言爱敬则知能已在，言知能则爱敬已在，岂陆王所论诚如整庵之所诉哉。往往谪朱子，亦不足为朱子病也。二十日。

不可认气为理，但理亦须于气上见。形上形下不可分，合而言之性也。二十一日。

理是直上直下，气亦直上直下，动直即是率性。

释氏言三业清净，意未诚，己未克，则终不能合寂然之体。二十二日。

有此身即具此心，即具此性。无动而非身，即无往而非性，道岂有须臾离哉。

良知亦须于气上看，夏葛冬裘、饥食渴饮，莫非气也，莫非知也。四肢百体，莫不有知，而统于一心。心果何在乎？则四肢百体无乎不在。岂唯四肢百体，即万物亦莫不有知，草木竹石各有生意，即其知也。二十二日。

在目为视，在耳为听，在手执捉，在足运奔，与知爱知敬底原是一件，所谓"满栏杆外是孝慈"。

勿求效验，效验须证之于梦寐。

下学上达，只践形尽则，悟之与否，非所汲汲。

人于倦极欲睡时，而知此倦极者初未尝不皎然精明；手足痛痒，而知痛痒者了无痛痒。痛痒与知痛痒岂有二乎？此正是大本达道。二十四日。

无妄非真，手舞足蹈，何非性也，此谓"不议不知，顺帝之则"。

动乎四肢、见乎词色者，即知爱知敬之心，故觉知运动莫非天性，皆天理也。二十五日。

道不可须臾离，是工夫；未始须臾离，是本体。

生而知之以外更有何事。二十六日。

寂然者心之体也，沛然者心之用也。二十七日。

知一动一念之非，便是性体呈露，率性而行，自洒

154

然自得。性体呈露，沾不住丝毫尘滓，知过必改。

自诚明，自明诚，率性，修道。

性兼理气言之，理本无瑕，气亦无染，只动直而已。①

见性唯在见过，改过即是率性。改过不密，是无得力处。

本来是如此即如此，方作得一个狂者。

敬立而内直，全体寂然。

人情、世事、物理，各有个自然之则，所谓人物之性也。见得自家性体后，自然见得人物之性，故曰能尽其性，则能尽人之性、尽物之性。二十八日。

敬则性体皎然，应事接物只率性。执事敬，是率性以应事；率性应事，便是义以方外也。

敬则自虚静，虚静即心自存，此心之体也。何思何虑、不识不知，到感而遂通，自动直也。动直兼念虑云

① 此二条系夹于此页之笺条，应非当时所记。默注（下同）。

为言之。

《定性书》言本体，《识仁篇》言工夫。悟得本体，工夫即从此做去，原只一事。象山、考亭、阳明以下，皆是见得此本体，做过此工夫，而争论又复纷纷，是己非彼，皆不免执着名言，以自己先时之误，疑为他人即如此误，亦觉多事。其间诚亦有出入须辨析处，要在择善而从之可耳，其同为孔孟之学固无疑也。

肃然而敬者气也，本体无肃无不肃。凡可致力者皆工夫，工夫严密而天理流行之体即昭然著也。二十九日。

寂者气之静，动之微者也，感者气之动，动之著者也，一感一寂，各有个自然之则，所谓理也。理岂外于气哉？但不可谓即气。

太极合理气言之，性亦合理气言之。

凡过不及者气也，知过不及者心也；心气合一，则循理而动，率性也。

唯敬所以持志，而气亦得所养，养气即循理。

心唯日存，气则须养。二十九日。

四肢百体，气之流行，自有个自然之则，所谓理也。循理率性，只是尽气之则，所谓践形尽则也。三十日。

气是形而下之器也，物也。气之流行，只是任其流行，有何过不及。知过不及者，心也，须是心常做主。正月一日。

气之流行，一举一动本无过，何必疑他有过。

知过不及者，知也。毫发有差，知无不照。

无极而太极也，性也，皆合心气而言之也。

延平言：所谓气，所谓心，浑然一体流浃。《孟子师说》谓：心即气之灵处，本浑然一体。

才敬，便心存，而气亦肃然得所养。

气无不善，心无不善，所谓性善也。"只心存，则善不善炯然自见。"有不善未尝不知，心之本体，自无不知。

尽心知性，知不善即改之，则尽心也。改得尽，则知性也。未知性之前，唯有改过之工，既知性之后，亦唯有改过之工。过在心上，即从心上改，过在身上，即从身上改。知过即改，改尽便没事，即是本来面目。

率性、率心、率情，煞有等次，须是从太极上立脚跟。

五性感动而善恶分、万事出，是他原来如此，这里即靠有不善未尝不知、知之未尝复行。孟子说个本心，说个大者，正在此处用。此以上是天人合一、心气合一，此处即天人心气分也。中正仁义而主静，便又合一。说未尝不知，说本心，是从本体说；说主静，是从工夫说。主静，无欲之谓静，无妄之谓无欲，尽得本心，岂有妄耶。初二日。

虽圣人有所不知、有所不能，殆非谦辞，圣人时时在改过中。见性后，见过益分明也。夫妇与知与能是本体。圣人不知不能，是工夫。此禾非米、性非善之说也。学者之所以赖乎工夫也。韩氏说茧之性为丝、人之性为善，此工夫之有其本体也。四时行，百物生，此天之理也，天地尚有愆阴愆阳，天地何不能无过，而天理固不以是而有欠缺，而况圣人乎！圣人只是性体常明，时时在改过中耳。庚寅正月初二日。

为也而有所不为，欲也而有所不欲，此处正是识得本体好做工夫，所谓知过即良知，改过即致知也。

气有失处，气自知之。

鱼，我所欲也，说本心何等分明。尽心气上有过，一齐消失。消失后身亦无过、心亦无过，真是洪炉点雪。

气自有理，物自有则，时时处处须要循理尽则，即践形尽性也。故曰诚之者人之道也。诚者是本体，诚之者是工夫。

七十从心所欲不逾矩，是圣人到纯熟处。

小德出入可也，无病不须疑病。

过即是如此起，何可推到本体上去。

本心之所不可者谓之过，故曰过而不改是谓过也。二日。

敬以直内，自四体端严，心气岂为二耶！三日。

孟子知言：知诐淫邪遁之为蔽陷离穷，恐是察到人情精处，穷到物理精处，即此是尽人之性，是格物，是集义。

父母未生前，只是天理，人得天理以生，此外更有何事。四日。

画，所以写物也；物未必皆可观，善画者斯无物非可观。学，所以学为人，而人之动作威仪未必皆合理，善学者日用云为则无不合理，此知之德用也。初四日。

四端皆一性之著见，而用各不同。是非之心，人皆有之，去不善而成善者知也。朱子言仁为四端之首，而智能成终而成始。

心体肃然，气安往而非自然之则。

"有不善未尝不知"是本体，此外不可更推求如何是本体；"知之未尝复行"是工夫，此外不可推求如何是工夫。此为颜子学之真切处，外此推求，便成虚妄拟议、工夫走作也。初五日。

洗心藏密不远复，是《易》学之根株。

朱子说：心者气之精爽，甚好。气本是好的，才有不好，心便知之，亦是气自知之。

气血，理也，知也，合而言之性也。

有物有则，理者气之理，理傅于气；气违于理而心自知之，而知傅于理；知亦气之知也。三者一而已也，合而言之性也，无极而太极也。

寂然之中，自有肃然之意。初六日。

性乃天之所以与我者，率性是直做前去，何计善不善。

心存，则一动一静莫非天理，实乃气之自然，所谓有物有则，还他自然天则而已。

穷理只是论性，到得见性时，恐论都未是也。

集义所生，非义袭而取，只有长久这样去。

无动非静，无感非寂，一一皆从本体做去，即是精义入神，即是践形尽则。

持其志是心常存，无暴其气须使中节；然存心养气，是心气本体自然如此，还他本体而已。

视亦此理，听亦此理，日用酬措莫非此理，修齐治平亦莫非此理。应接云为之间，即位天地，育万物，赞化育。

动静之间，一毫一发皆是从天理流出，皆要从天理流出。

常常提撕存心之久，则天理常明，性体昭著，自无间断，亦是他本体自无间断；心既常存，则气自无暴，亦是他本体自无暴。初七日。

性本自善，才有不善，性自知之。心有不存，则不善遂起。

气之流行，本无善无不善，只本体之自然而已，即此是本来面目。初八日。

即此是天理，何必更寻天理，只循理而已。

本体外更有何事，本体自寂然，何往而非寂然。

溪声是广长舌，山色是清静身，此色界之说也；无山无水，此无色界之说也。以无极而太极、太极本无极观之，却只是一事。盈天地间莫非理也，便觉身空。

心存时见得如此是过，亦自然知过，更不必推求如何如何，是虚妄拟议而已。

初学穷理是一事，到理明后又另是一事。

气之清者知其为清，其浊者知其为浊，于一身之气亦然。气有清浊，而知不可以清浊言；气有动静，而知不可以动静言；气之中节或否，而知无不知。

知亦何善、何不善，只是气之自然反了后则为恶，而知则知其恶而改之耳。

知爱知敬是本体，自能孝，自能弟，纯是天理，只要搜求人欲到底。初九日。

浑身皆是本心，知爱知敬是本心，手容重，足容恭，亦是本心。非特一身是本心，草木山川亦是本心，才一事一物不当，本心即知之，应即改之。

考亭说理在事，阳明说理在心，本无不同。

事事物物皆有个自然之理，唯心皎皎明明知得此理。朱子从物事上说此理多，其实何尝离得知。阳明从知上说此理多，其实何尝离得物。诚意是好善恶恶之本，从大本去，知物一齐俱了。

只动直而已，心自寂然，气自肃然。

本心纯然天理，一动之妄无不觉，克己即于此克去。

性善之理，古人都见得分明。只此一理，延平从未发处说，象山从已发处说，已发、未发，一也。

晦翁从物上说，阳明从知上说，知与物非二也，用工略不同耳。十一日。

程朱可谓仁者见之谓之仁，慈湖、阳明可谓知者见之谓之知。慈湖颇似阳明，阳明却谓之着在无声无臭上。体识前贤诚非易易。十二日。

愚夫愚妇是不能尽性底，圣人有不善谓他不知则不可。慈湖所说之心，即《中庸》之大本。

自性而观，人之性、物之性浑是一片，故曰冲漠无朕、万象森然。

一俯一仰，一屈一伸，无往而非本心，无往而非率性。十三日。

延平言："理会分殊，虽毫发不可失。"白沙言："知至无于至近，则无动而非神。"若此者可谓理会得分殊也。否然者即行不著、习不察，徒得大本，未足云也。（此是集义。）

见到彻时，知本自无恶，不须疑病。

君子之道，造端乎夫妇，即夫妇之愚不肖，故曰人皆可以为尧舜，尧舜与人同耳。

率性之谓道，修道之谓教，性即道而道必修者，则人有是性而不能率者众，或过或不及；不能由道，修之如何，率性而已。人之未能率性，由性之不明。子路曰：南山有竹，不揉自直，斩而用之，达于犀革。又曰：有人民焉，有社稷焉，何必读书，然后为学。孔子告以括而羽之，入亦深乎，正以明性为学也。不睹不闻之间，正操存用力切要处，正所以明性也。性如鉴，学如磨，鉴未足以明性者，学非其学也。董子、韩婴、《淮南》三家之说，以茧丝卵雏之喻，正明此理，特言之未彻耳。然性近之说亦应如是解。朱子、阳明之说阐发虽精，皆于此有未能尽合者。薛敬轩言：水清则见毫芒，心清则见天理。又曰：镜才磨，尘垢（未安）去而光彩发；心才敬，即人欲消而天理明。延平之澄心体认天理，窃谓深得其方、得其理也。十四日。

孟子扩而充之、培养畅茂之说，甚得子思、孔子之意。

性到明时安得有过，此心之精神谓之圣之说也。

血气之力，人所固有，拼技百夫之勇，习为之也。

然勇仍是人所固有，故曰习相远也。孟子集义、养气，正是阐明时习之义。

思则得之，不思则不得，诚者天之道，思诚者人之道，精金百炼，琢璞见玉，岂外求哉。

天生烝民，有物有则，民之秉彝，好是懿德。此孟子得于孔子者。孔子之学，得孟子而益明，孟子于本体发阐更精，然亦以反之孔子工夫而孟子真义愈见。

致知、格物、诚意，浑是一事。然诚意先致其知，致知在格物，真说得分明。尽心是工夫，知性是效果。

子思言尽性，孟子言尽心，皆是以本体为工夫，打成一片。本体即是工夫，工夫即是本体。天何言哉，四时行焉，百物生焉，本体工夫，一了俱了。

天有四时，春夏秋冬，风雨霜露，无非教也，此物则之义也。

仁者见之谓之仁，孔子也；智者见之谓之智，孟子也。百姓日用而不知，只是不能尽心，昏然憧憧，性不明耳。

子思言未发之中、已发之和，《易传》言形下之器、形上之道，又言寂然不动，感而遂通，体用更明。此是说无声无臭、弗见弗闻，示人以时行物生之大本。颜子弥高弥坚、在前在后、欲从末由，其形容道体至矣。

慈湖、白沙、阳明，皆所谓自明诚，晦翁则所谓自诚明也。十五日。

理者，气之理也，所谓性也。气清则理明而性自呈露，气虽不清而理自若也，人自不知耳。不知则冥行妄动或过或不及者有之，行不著习不察而梏亡之也。持其志，存心之说也，无暴其气，养气之说也，日夜之所息，雨露之所润，皆养气之说也。气如何养，存心而已也。

有气即有理，所谓性也，而气或不尽理，唯心能默识之，所谓思则得之。思诚者，人之道也，子思、孟子亟重乎思，思诚者，尽性之学也。君子存之，性其气，以期乎尽性而天人一也。

养心莫善于寡欲，气清理明，善日充而日长。

在物之理，而气或不循于理，唯心知之，此理在心之说也。心无定所，知则普于一切。以知言，则万物皆在知中，宇宙悉括于知内，物物还他本然之理而知致也。性体明，物各付物，安有不循理者。十六日。

人物之性皆统乎知，知无不善则安往而不善。才有一毫不善，便还他善，一时人物之性皆尽。

有物有则，无物不善，此心彻乎有无，才有毫发不善，无不知之，便还他本性。手舞足蹈，莫非尽性。

百姓日用而不知，百姓本与圣人同，只争知之而已，提醒便在，尽自家现成的，人只争个知，流俗人显显狼狈，是无知识。有志为学而善未纯者，知未彻也，到真知时，气无不善，即身是道，即心是道，彼不善何从而至哉？真所谓一觉便消除。

一举一动，原来莫非本体；知时是本体，不知时若非本体更是甚么？只还他本体而已。亦本体自家会还他本体。十七日。

生生不已，天理流行，本体之不息原如此。

敬以直内，须是见得他无时不直。

若是真知，便觉得平时已行得七八分，自住手不得。十八日。

夫仁亦在熟之而已，气益清则心益明而性益著。

气机鼓荡，森然自有天则，即本体之流行。本体是至诚无息，工夫只自强不息。二十日。

俯仰屈伸之间，莫非造化之工，此谓鸢飞鱼跃。

寂然不动，何间内外，浑然一片，宽平虚静，一念之微，莫非全体，一动之微，莫非大用。二十一日。

心体贯乎幽明，通乎昼夜，非思虑之所及，故曰不识不知、何思何虑。二十三日。

时行物生，如何着得思虑，着得知识。二十四日。

170

目视耳听，日用动作，与此一般，即思为亦是无思之体。

理者，气之理，气或"不循理"（暴），而理之森然者依旧，则知理者存乎心。二十五日。

薛敬轩日光鸟背之说以喻理气，亦未可厚非。虽不免以统体之理说予分殊之气，但未有宇宙却不可说即无理也，父母未生前原不得说无也。心清则理见之说亦未可非，昏昏者，理非亡也，特自家不见耳。孟子养气之论正为此耳。昭昭灵灵一个知，彻于四肢，透于内外，物各得统体之太极为各具之太极。一个本心，事父则为孝，事兄则为弟，敬轩之旨，似未可轻议。

有物有则，物非物也，则而已，非有则也，物而已。二十六日。

践形即在当下一动一静而已。

心无一物，是谓勿助；心无一物不体，是谓勿忘。释氏所谓不着一尘、不舍一法者也。二十七日。

气之秩然天则，即心之本体。

虚即非虚，以其多此一念，实原无实，莫非理之流行。

不着善恶，方是本体，本体方是至善。

春风秋月，翠竹黄花，莫非天理天则。

天泉、证道二子所论，皆阳明之旨，而言各有当，非有高下。后人改易纷纷，反失却王氏宗旨也。

千思百虑，亦只是何思何虑。

熟则生意自然，伸伸夭夭，与鸟啼花笑一般。

心有缓时而知缓者未尝缓，有急时而知急者未尝急，知倦知怠亦然，作好作恶亦复知之，而此中未尝有动。不增不减，不为尧存，不为桀亡，此之谓大本。不离于心而实非心，以其了了于心之未是处；不离于气而不可谓即气，以其了了于气之不是处。循而行之，改过者唯依此而改，此岂即天命之谓性、率性之谓道乎，此即不睹不闻者乎，此即莫现乎隐、莫显乎微者乎，此即未发谓之大本，依此而发谓之达道。夫妇与知，知此也；百姓不知，不知此也；良知良能，不识不知，亦此也。彼则何知，此何不知，吾有知乎哉，无知也。盖有不知而作之者，我无是也。知之为知之，不知为不知，是知也。性善者此也，其不善者如此而至，迁善如此而迁。二十八日。

心之发动，气之流行，依此直去，无往而非理，离则妄也。

此真着一处不得，离一处不得，不在内，不在外，不在中央，非动非静，不增不减，不垢不净，以此持志，以此养气，无过不改，何思何虑，无声无臭，无极而太极，古人真善形容。太极动而生阳，静而生阴，生阳者太极之动也，生阴者太极之静也；阴阳自生，其所以生者太极也，非太极生之也。太极自太极，阴阳自阴阳，其动其静者，太极之为也，而太极无动静也。太极者，形而上，两仪者，形而下，非一又非二也。

寂然，则不可说有，冲漠无朕也；感而遂通，不可说无，森然而具也。无形而有理，说无不得。说不动最妙。薛敬轩言：以无声无臭而言谓之无极，以至极之理而言谓之太极，以性观之，无朕兆之窥而至理咸具，所谓无极而太极。以太极说性最妙，不落有无，默而识之。

气质还他气质，更说甚性（蕺山语）。不落在气质中，不可谓之性（梓亭语）。非有二也，从太极上立脚跟，气自循理。

见得明时，说率气即率性亦无不可，只太极之自然，莫非太极之所为也。

性者，民之秉彝，受天地之衷以生，此天之所以与我者，见乎四肢，不言而喻，此岂血气之谓哉。

心气合一，是毫发皆要依他太极。象山所谓刀锯鼎镬学问也。

生之谓性，则非之；食色性也，则非之；却又曰形色天性也。告子之言，着在食色，孟子所言，不离形色，告子即形而下言之，孟子兼形而上言之也。二十九日。

天所赋予为命，人所禀受为性，命以理言，性兼气言。性也有命焉，形下不外于形上也。命也有性焉，形上即傅于形下也。天命之谓性，率性之谓道，纯以理言。不循乎命者，性非其性也，率性者，即依他天理而已，非气质之偏所可得而淆也。周子谓之太极，程子谓之天理，象山谓之本心，阳明谓之良知，子思谓之未发之诚，皆性命也。

率性之实，在乎践形，即在当下，故不可须臾离。龟山言：未始须臾离，就本体言之，虽透而少亲切之味。子思就工夫言之，终身由之而不知其道者谓之未始须臾离，可乎？故子思之言尤为深切而实际。

欲罢不能，欲从末由，如立卓尔，正是克己克净之效。

欲罢不能，则不容忘；欲从末由，则不容助；如立卓尔，真必有事焉。

是如此即如此，即本体即工夫。

净字最好，一切还他本色，工夫即不落声臭。

逝者如斯，生生不已，岂有一顷之间莫非天理流行也。

以人言之，静而无静，静皆动也。以天言之，动而无动，动皆静也。

率性尽心，皆是从头脑做起，自然视听言动中节。

从良能看良知，更亲切无间、内外合一。二月初一日。

天地之大也，人犹有所憾，唯过也人皆见之，更也人皆仰之。天地亦气也，而不免于愆阴愆阳，唯天理不以是而间绝。人血气之躯，安得无过，唯有不善未尝不知，要在知之未尝复行耳。

尽心率性，皆从本体上作工夫，则视听言动皆中

176

节，以得着源头耳。要理者气之理，所谓性固不外乎形色。率性，从良能上着眼，自透得过分殊，识取当下，全体大用，炯然呈露。但着在形色，又易流入百姓日用一边去，便成生之谓性。故孟子曰：形色天性也，唯圣人然后可以践形。是着重在天性上，不然则物而已，焉知所谓则也。要知既曰物，而天则已在。

理只是气之理，分殊之气自有分殊之理，气之所至，亦理之所至。我自是我之理，物自是物之理，耳自是耳之理，目自是目之理。[①]

无不善处，皆是本色，一片性体流行。

不直便还他直，生而知之以外添得丝毫甚么？是如此，是本色；不如此，是人欲；是如此，是本体；即如此，是工夫。见过即改，还他本色，还他生而知之，行所无事而已。

天地只是生生不息，伸伸夭夭亦是生生之意。初

---

① 此条系夹于此页之笺条。

二日。

生生之意，着不得善恶，直往便是善。

子思言愚夫愚妇与知与能，即孟子所言良知良能。言良能而不言良知，则滞于形器，言良知而不言良能，则少了着落，言性须兼知能看。知是能的知。

命也有性焉，性也有命焉，即形上即形下。

口之于味也，目之于色也，耳之于声也，鼻之于臭也，四肢之于安佚也，性也，一往而已。苟心有所不可，斯则为不义，故曰义在心。二月初三日。

性也物而已。

直内者心直而已。心直，屈伸偃仰皆直也。气亦直也。

耳目口鼻之于声色臭味，心之于义，皆性也。任其自然，皆是天则，即此本色，本自无恶，何须有善。

欲罢不能，减不得丝毫，欲从末由，添不得丝毫。

象山言：不收拾又不得，收拾又执。心既惺惺，无

178

宁坦荡荡，放宽去。初四日。

　　有法浯无法，无修见有修。

　仰高钻坚，瞻前倚衡，须是常目在之。

　明道先生言：若心懈，则有防；心苟不懈，何防之有。理有未得，故须穷索；存久自明，安待穷索。此是彻始彻终工夫。象山言：坐得不是，我不责他坐得不是，只是心不在道。敬轩言：心存则言谨也，此是心不懈之谓也。诚敬存之，心岂有懈。存久自明，学自当进。明道又曰：天理二字却是自家体贴出来。所谓识得此理，诚敬存之而已。此是道南学脉，亦是千古学脉。瞻前倚衡，仰高钻坚，亦存之而已。初六日。

　心存则道存，故曰我欲仁斯仁至矣，道非亡也，人不省耳。故曰谁能出不由户，不自省则日用而不知。

　思则得之，思诚者人之道也，九思皆思诚之事也。

　　思诚，诚自思耳。

　尽其心者，知其性也，是以知为心，知性则知天矣。时行物生，知爱知敬，非二本也。存心是勿忘，养性是循理，所以事天则一，还天之所以与我者耳。朱子以操而不舍训存，以顺而不害训养，最善。存心即致知，养性即格物也。明道所谓识得此理，以诚敬存之。识理，知性之谓也；存之，存心之谓也。

寂然不动，却动是他动，行是他行，视是他，听亦是他，语是他，默亦是他，思虑是他，不思虑亦是他，要静寂亦是他，一任他去，我未尝致纤毫之力，此之谓行所无事，此之谓动直。初七日。

任他，亦是他自家事。二十日附注上七条。

二

　　知即心也，近而身心，远而人物，其是非得失皆在知中，舍非而从是，在一念耳。二月一日。

　　收拾精神，自作主宰，所谓君子存之。心存则手舞足蹈无非天则。三月九日。

　　这里便是有不善未尝不知，所谓知过是良知。

　　庶民去之，乌有所谓满街尧舜。学者不从一存一去上看，只谓之无善无恶可也。

　　静虚者，心之体；动直者，心之用；浑是一知也。

　　尽其心者知其性。心者，知而已；性者，在耳之听，在目之视。心之虚寂，性之条理，只体用之别而已。

　　气益清而性益显露，气益浊而性益昏，以此言性相近可也，故养气之工为不可忽。

风霆流行，草木萌生，物之生生不息而理亦赋焉，原只是良能而已。知，亦是能之知，故曰不学不虑。若落在意念思虑上，则决非不识不知也。虽学、虑、知、识，亦是不学、不虑、不识、不知、不思、不勉，本体之流行而已。此之谓天性本色。三月十日。

即用即体，即感即寂，故曰形色天性也。动静非二，显微无间，归寂工夫正要在流行处用。以知言则有间断，以能言则无间断。终身由之而不知，百姓日用而不知，只须时时知个由的本体。纵未之知由，固未或息也。

说知，是为失其本心，是为是非关头。

闻见所不能及，语言所不能及，思虑所不能及，此之谓打破空虚。存者，存此而已。无声无臭，而极至之理周洽无间。从心所欲，息息不离，起心动念，摇手举足，尽从本源处来。体如此，用亦如此，此之谓玄关一窍，周充无际。要之，一性而已。四月初二日。

息息从性分流出，息息与太极打成一片，自然无我。身心俱寂，大地粉碎，方解空无所有。

以无声无臭为本体，即以无声无臭为工夫，是谓未尝致纤毫之力。此其存之之道，是谓未发气象。初三日。

静为学人入手工夫，自喘汗未定中来，可以是为安息地，非究竟也。须动亦静，始得为通乎昼夜、合内外之道。六经孔孟皆不言静，而言战战兢兢，如临深渊，如履薄冰，如见大宾，如承大祭，精警透切，真通乎昼夜之道也。《易》言乾乾夕惕，以本体自乾乾夕惕也。《中庸》始言天命率性，终言无声无臭，而曰戒慎不睹，恐惧不闻。戒惧，则精警透切。故程朱言敬，乃学人始终之工也。初十日。

溥博渊泉，而时出之，言心之妙也。心体何所不该，是溥博也；而渊微本无一物，是渊泉也。事至物来，顺应不测，是时出也。未出，全无一事；既出，条理灿然，即大本达道也。

君子不重则不威，学则不固。敬轩以厚重静定为进德之基。只言静，不知敬，则少力。十一日。

深微透切，非惕厉不可。

盖有不知而作之者，我无是也。凡作，皆在知中；否则，懂懂往来而已，却是日用不知。故心要在腔子里。

朱晦翁言：气以成形而理亦赋焉。却又曰：理先而气后。总是要从形色看得天性，不然，物而已也。钟未鸣时声已先在，纵说理先气后亦无妨。明人辩论纷纷，所阐发极是，但终不免执着。

欲仁，即所谓以仁存心。欲者，是略一收拾。十四日。

集义所生，岂可朝夕得。曰善养浩然之气，浩然之气即性也。曰苟得其养，无物不长，苟失其养，无物不消，性亦在养之而已。

克己复礼。己者，人欲也；克去人欲，还他天理。己与他对，由他本体，我何与焉，所谓未始有回也。堕肢体，黜聪明，离形去知，同于大通，所谓未始有回也。心斋坐忘之学，克己尽之也。二十日。

廓然大公。人己共同之理，所谓公也；人物共通之理，所谓公也。否即人欲也。二十一日。

口之于甘苦，目之于美恶，鼻之于香臭，肌肤之于寒暑，觉也，良知之所为也。或安焉，或否焉，凭谁作主，性而已，良知而已，由他而已。二十二日。

未有天地，气未聚也；自无而有，气之聚也。未有天地之先，理固已在。聚有聚之理，散有散之理，聚散者气也，而理则一也。故曰：气有聚散，理无聚散。有物先天地，谓超乎形色，言理之先可也；谓理先于方散之气，可乎？谓理先于气之聚，则可；谓理先于气，则不可。二十四日。

目视耳听，手持足履，即心也，即知也，而实无知。故曰：吾有知乎哉，无知也。圣人有所不知焉。二十七日。

举手投足，瞬目扬眉，莫非天性；即此是率性，便须于此尽性，此诚意自慊之学也。百姓日用而不知，只不肯于此尽性，遂滑突过去。故有不善未尝不知，此颜子之与众人同；知之未尝复行，则颜子之与众人异。一饮一啄，一发一尘，莫不尽性，方为克己之学。

敬以直内，须是下刀锯鼎镬一番工夫，心气乃可合一。

思诚，是要刻刻提撕。

心之官则思，思则得之，不思则不得也；耳目之官不思。百姓日用而不知，只是任耳目之官，所以为庶民去之；若君子存之，则由心之官。养其大者为大人，养其小者为小人。择善者率性，克己者窒欲，无暴其气也。四月十四日。

时时处处都要尽性，此所谓操则存。百姓日用不知，所以为舍则亡。行不著，习不察，日用不知，物交物引之而已，故曰弗思则弗得也。形色，天性也，物交物引之而已，尚可谓之天性乎？有物有则，践形尽则，则所谓性也有命焉。操则存，君子存之，则为天理；庶民去之，虽日用不知，则皆人欲。作用见性之说，于作用不遗天则，谓见性可也；违天则而徒作用，谓之见性，可乎？思则得之，正是于扩充发展而后得之。弗思耳矣，又安见仁义礼知之非外铄而我固有之乎？舍则亡，斯其违禽兽不远也。谓非固有，非也；谓固有为现成，亦非也。君子存之，不思不得，庶民则反是，所以学在克己复礼也。

谓愚夫愚妇异乎圣人者，非也；谓圣人即愚夫愚妇，亦非也；就与知与能而扩充之者也。十五日。

真见性者，方能见过；真改过者，即能见性；所以克己复礼为仁也。[①]

[①] 以上当记于庚寅二至四月。

内而视听形骸，外而山川草木，皆物也。有物有则，所谓自然规律也，即天理也，太极也；生生不已，乾乾不息。万事万物，各有其理，即应各尽其理。时行物生，任其自然，行所无事，而我不与焉。恻隐羞恶，充周流行，而自不容已，所谓虽欲自异于天地不可得也。[①]

发即寂之用，无发而非寂。

满身皆是良知，谁能不率性，由之他而已。

修道是修他而已，道原不须臾离。

致中即是和，致和是任他中，这是不犯禾稼意思。

君子修之，亦无所用其修；小人悖之，又乌可得而悖。

养气，是性其气；物交物则引之而已，是气其性也。思则得之，思诚是也。有不善未尝不知，此众人所与颜氏同；而行不著、习不察，则（性）暗而弗明；操

---

① 此条当记于庚寅稍后。

存之工熟，则所谓心之精神谓之圣；其明常在，而有过必见，见而即改，此心之官则思，思则得之，不思则不得也。仁在熟之而已（饥渴害心），养气而已。

《乐记》所谓血气、心知之性，即孟子所谓耳目之官、心之官也；心知与血气、耳目二而一者也。宋人言气质之性与义理之性，要以陆桴亭之论为当，不可离之为二。

明道《识仁》所谓天地之用皆我之用，即延平体认天理之意，所以说《订顽》备言此体即性也。

存久自明，明则毫发之过毕见，庶民去之，则昏昏不察也，所谓舍则亡也。

人生而静，即《易》之寂然不动，《中庸》之无声无臭，所谓性也。一性而已，还言甚么善恶；言性善是不得已事，况言恶乎？存久自明，是从发展上说（见），所谓尽心、知性、知天也。

从寂上看，无善恶可言（形上）；从四端看（形下），可言性善（继之者善也）；从物交物引之而已看，则性恶。有性善，有性不善，可以为善，可以为不善，纷纷之说起也。

有物有则。则于物上见，理于气上见，形上于形下见。"则"是有条理的意思，是节文的意思。

若把理也看成空无，非所敢知也。延平言理会分殊，阳明言感寂，是儒家正义，所谓性也。

愚夫愚妇与圣人同，此天之所以与我者，性善之义也；庶民去之，君子存之，养气之工也。[①]

是如此即如此，行所无事。

此理本直上直下，心与此理相应，常目在之。直心而动，全体无非此理，我与天地皆此一理，就自有一段精神，此才是"用其力于仁也乎"之"力"；此"力"非鼓努造作，只收拾精神而已。精神不走作，才能管摄一身，一切视听言动，举手投足，无非此

---

① 以上各条夹《中庸传》内，可能记于丁酉前后。

理。无一促然，才能入到细微，这便得鸢飞鱼跃，足蹈手舞，无不是真自见得。良知本无欲，动容周旋，只随他良知而已。

能所问题是朱陆异同的重要问题，应从能所、理气来解释，心是能知，物是所知。

所以要讲理气，是要求是非之准。

阳明是从气上说理气一致。[①]

心之精神是谓圣。此精神着在何处，行住坐卧即是精神提撕处，不然即悠悠荡荡；须是真实的行，真实的住，真实的坐卧，不得一毫苟且。顺其自然，亦须精神到得，委靡放纵（倒塌），岂是自然。乾乾不息，心体本自如此。薛敬轩所谓宁静专一，则应事接物有力。造化发育万物，何等有力，故陆象山说要在自立。[②]

---

① 此数条疑记于壬寅前后。
② 此条夹《姚江学案》中，当亦在壬寅前后。

　　先君治学无藩篱，自经史诸子，释道二藏，靡有不窥，独以宋明理学最为难学。尝谓宋明儒书，草草看去，字字认得，句句讲得，但其道理却常体会不得；盖以其非仅闻见之知，而更为德性之知，须于事上磨炼、心上磨炼；非深自体念省察，不能有得也。言少时从曾习之先生学，曾先教以为学须从体认良知入手，谓此理不从身心体认，纵博极群书、剖析毫芒，不过比较于文字，于实理究无所得也。故先君读宋明书，悉优游涵泳，反复嚼咀，于其义之未得者，辄精思苦索、忘废寝食，不贵其多或速也。尝言自家这点认识，皆从心思极苦中来。又谓学理学固须能疑，亦复须能深信，盖疑非否定，信非迷信，苟不能疑，则学无进境，苟不能信，则不能深自体念省察，不能探求古人立言之意，故须能疑复能信，且须能信复能疑，乃能真有所入、真有所得，所谓不入虎穴焉得虎子者也。先君不专攻理学，而于宋明儒书数十年中读之实未尝稍间岁月也。尝谓平生于理学之大有进境者三：三十岁大有所疑而四十乃知朱、王末流之弊，五十始稍知有以救之而宗陆象山，五十以后又渐独契于陈乾初，而皆折中归本乎孟氏。殆皆既深信复大疑之效也。先君所学虽至广博，而谓自得之深者厥唯理学，且谓正以于理学之入深，故能读二氏诸子之书咸有创获。又尝言：儒家思想于中国二千年之历史影响至巨，不明儒家思想不足以明二千年之国史，而宋明理学则又探究儒家思想之本根。其视理学之重盖如此。然先君论学诸编，于经史诸子佛道皆有所论述，而于理学则只《儒家哲学思想之发展》中《后论》一段及此稿而已。宜黄欧阳竟无先生，先君习唯识法相亲教师也，暮年重儒学，庚辰冬作《中庸传》，寄语先君，略谓

"孔学聊发其端，大事无量，甚望我弟继志述事"。先君数以语默，盖未尝或忘师嘱也。然而后虽屡欲属稿，竟皆不果。于生友接谈之际，虽有论及，然默不慧，弗敢学也，虽常侍侧，亦不克记其论议宏旨。自先君弃养，每念及此，未尝不愧疚汗颜也。此稿之第一部分，盖先君读宋明儒书时之札记并躬自清录成帙者，终于庚寅花朝。第二部分得自杂稿诸书间，散记于笺条者也，以其注记及纸墨验之，殆记于庚寅花朝以后，亦有晚至壬寅前后者。另唯致时贤生友论及理学之书柬数通而已。先君理学之撰述略尽于是矣，殆皆晚年渐契于陈乾初时之作也。然稿中所陈，或与时论相左，翰墨复不类时文，故默虽持之弥珍而秘不敢示人，惧速无谓之非议也。"四人帮"粉碎，文化专制虚无之肆虐渐革，解放思想、百家争鸣之风尚渐兴，默念理学乃先君生平抱负之业，乐而愿以此稿公诸学林，至其论议之是非，幸好学深思之士有以检验之，默不学，弗敢具论，谨记其源委于篇末。

蒙默记1979年12月

原载《中国哲学》第五辑（1981年1月北京出版），兹据整理。

理学札记补遗

语默动静，无非寂之所为。

本原是寂，只须敬以直内；本无不通，只须义以方外；只　率性而已。二月一日。

举手投足、起心动念，皆是性天流行；才不直，便还他直。二日。

方外之学，是举手投足、一语一默之间，都是直内之意，无所不贯。

手舞足蹈，无非此理，何用安排。

日用云为都是无极太极。三日。

日用云为即是天性，何须更求深的。

凡夫一切即是天性，正所谓百姓日用而不知。知是知个甚的？有不善未尝不知，知性，知天；才有妄，知即改。

主静，立极，便是知性、知天的大路。

敬轩言君子性其气，即延平心气合一之旨。四日。

四肢百骸，思虑云为，皆物也，物各有则，顺则之谓尽性。

一切动静、屈伸、周旋，皆物也，心只是虚灵不昧。一切皆在虚灵不昧中。徐仲诚譬之镜中观花。

程子论邵子"无礼不恭"，若言践形尽则，礼与恭亦末；直内方外，岂必恭乎？手舞足蹈，岂非礼乎？五日。

象山所谓人情世事物理上用工，即直而已也。动容周旋，直而已也，莫非性也。所谓聚沙非小事。九日。

日用无非天理，只是动直，便是伸伸。一身既是天理，任其自然，即是夭夭。

动直而已，放逸自恣，亦只此理。十日。

体立而用行，内直则外自方，举手投足，莫非此理。

象山《答傅子渊书》言："善与过恐非一旦所能尽知，颜子有不善未尝不知，乃自其好学而能然。"日用而不知则为百姓，不善未尝不知则为颜子，正所谓夫仁在熟之而已。知及之、仁能守之，常学则能知。操则存，舍则亡。象山之简易亦是从工夫中来、从好学中来，只是学得别些。孟子言尧、舜与人同，又言集义之所生、非义袭而取，亦此意也。十二日。

象山《与傅圣谟书》云："谓即身是道，则是有身者皆为有道耶！"知本自现成之说为就本体而言。诚者天之道也，思诚者人之道也。诚是本体，思诚是工夫。愚夫愚妇生而知之是本体，圣人学而知之是工夫。

我欲仁斯仁至矣。颜子三月不违，其余则日月至焉。三月不违是工夫纯熟后事。

本无辍，又何作乎？是心存时事。心存即作也，虽欲自异于天地，不可得也，亦是本心现前时事。才收拾身心，即是工夫。只顺其自然，是依本体去。

知过是良知，亦能改过者之事。心存时多、放时少，自然有不善未尝不知。

知及之，仁不能守之，虽得之，必失之。守是多少工夫。

知过亦本体之流行，但亦工夫纯熟者为然。

唯圣人为能践形；百姓则日用不知，只依本体做工夫。

诚者不思不勉，从容中道，诚之者择善固执。诚者是从诚之者来。十三日。

内直则四肢百骸无非此性，山川草木无非此理。十五日。

寻常日用、四肢百骸都是集义工夫。

敬以直内，义以方外，只是一件事。

寂然是体，无时不寂。

有此气血之躯即有此性，践形尽性而已。戒慎恐惧只是还他本来。

天地气机原无一息之停，无一息不是此性，本无间断，所谓我欲仁斯仁至矣。但亦须涵养之久，否则昏然莫省，即是日用不知。

性本昭然，无妄而已。十八日。

孔子曰："心之精神是谓圣。"临深履薄，方是精神。直内方外，敬义之学，有此精神，自然得力，不然便成悠悠忽忽。故象山言收拾精神，如见大宾，如承大祭，皆此意。二十日。

《易》言：终日乾乾，自强不息。明道言：心苟不懈，何妨之有。一息、一敬，正是关头。

天地之大德曰生，手足痿痹不仁是生气欠缺。

象山言：才一警策，便与天地之化相似。警策是猛着力处。

有不善未尝不知，本体然也。但先必有一段工夫，这是愚夫愚妇与知的；知虽明，还不能无过，这是圣人有所不能。二十一日。

精义入神，神即性也。日用之间，洒扫应对，举止进退，便是精义入神，精义煞有力。

唯精义乃能尽性以致用。廿二日。

气机流行，无感而非寂，情即是性，人欲即是天理，自然觉得满街都是尧舜，只是灵光炯然，更有何事！

朱子《答张敬夫》："人有是心而或不仁，则无以著此心之妙；人虽欲仁而或不敬，则无以致求仁之功。"此之谓仁，是寂然之体，即天理也；此之谓敬，即感通之用，亦天理也。直内方外，体立用行，此仁、敬二字似即就敬义而言。

举手投足、一语一默皆是性，何关文字。

内直则用自行、体自立，是太极之流行。廿三日。

逝者如斯，不舍昼夜，何曾一息间断。廿四日。

语默动静，日用寻常，无非天理。是如此即如此，故曰易知易行。

性一而已，而气有清浊，故孟子言养气，薛敬轩言心清则见天理，是养得气清。廿五日。

克己即是改过、是无妄，要在视听言动用工。廿六日。

朱子说随动随静，须是在动体验静的道理。白沙说随处体认天理（甘泉），阳明说金戈百万之中寂天寞地，静中惊天动地。

薛敬轩说元无亏欠，元无止息；又说无一毫之空缺，无一息之间断；又说天地之理，圣人之心。只是又说心有一息之怠则与天地之化不相似，与象山之说何异？又说理、气不可分先后；又说理只在气中，决不可分先后。如太极动而生阳，动前便是静，静便是气，岂可说理先而气后也。于朱子之语显与不同。学问切实为己，见到真处无不同。门户之见，皆非切己自反之事。

践形尽性之工在惊天动地中，亦只是寂天寞地。廿七日。

人欲即天理，情即性，然凡夫与圣人则不同，正孟子所谓养其大者为大人、养其小者为小人，所谓二者不可得兼，这里要在不失其本心，正所谓思则得之。《大学》所谓小人闲居为不善，见君子而后厌然者，即不屑不顾之心，亦即好好色恶恶臭之心，陆子所谓先立乎其大者，凡夫即由此入于圣人之域。说人欲即天理，却无害无为其所不为、无欲其所不欲，即是克己复礼。情即性，是从本体说；性其情，无以小害大，是从工夫说。若疑情即性之说，则于本体不澈，若不拈出本心，无集义改过之工，以为有身即有道，则是猖狂妄行而不自觉，混人、道为一心，则于本体更混。《大学》以诚意、毋自欺为教，正善发孟子之意。

持其志无暴其气，先立乎其大者，是持志、养气、集义之工，是孟学澈骨澈髓处。

庶民去之，所以为庶民；君子存之，所以为君子。存是存其本心，去是去其本心。

理、气本不相离，而心则有存有失。于心放时而言理、气不相杂，则已离理、气为二，反有疑于本体，朱子此处应有商量。理、气二则不得不即物穷理而学以支离。于心之放而犹执理、气不离，则不得不认为满街皆尧舜，然则百姓不知、庶民去之之谓何？而学以鲁莽。要之，思则得之，思不失其本心，所谓思诚，正尽性践形之要也。*四月初三。*

养其大者，养其小者，二者都是性，是天理。理与气原不分，只是二者不可得兼，须有舍有取，吃紧是此一关，所以说本心，说毋自欺。养小体的小人，依旧是理，而不是理与气离。原来大是性，小亦是性，若从大小不可得兼处说理、气不相杂，只认大者是理，不免有无理之气之误。*初四。*

即此气血之躯，天理原无欠缺，所谓形色天性也。紧要在二者不可得兼时不失其本心。《大学》所谓毋自欺，正在此处着力。庶民去之，君子存之，舜、跖之分，端在于此。

人能无动而非静，便是大本立，便是性体流行，释家所谓露体真常。初五。

孟子言气壹则动志，则养气是切要工夫。此气是浩然之气，须从集义中来，集义才是养气。十四日。

薛敬轩言："道无处不在，故当无处不谨。"须是日用寻常虽小事亦不放过，莫非天性之妙用，何容忽略。

举手投足，非天性而何？岂容放过！

虽至细至微处，莫非此体，莫非此用。天理周洽，无或间断，故曰莫见乎隐，莫显乎微。处处都要觉，要天理贯彻，才是践形尽性。十八日。

日用处便是性体流行。

尽心尽性工夫，只教这团血肉自由自在。

无极太极是知有知无。

要透得过，须是有临深履薄工夫，这是心之精神谓之圣。

无非本色，本无病患。

只作个践形尽性的凡夫。

"心统性情"语亦好。朱晦翁以虚灵不昧言心，此亦不可忽。敬轩心如镜之说形容最妙。心直是寂然不动，感而遂通，直是镜中观花。冲漠无朕，心也万象森然，已具物也。太极本无极，太极性也，无极心也。

尽心然后可以知性，性学不是离了心学。

心无朕，理亦无朕，万象森然，行所无事，须如此看"必有事焉"一句。

罗整庵"心之灵而非性之理"，说得亦好，二者未可偏废。

勿忘勿助未易言。然心体即无忘无助，非疾非徐。

所谓大人之心如止水明镜，是程子语。此中还有喜怒哀乐否？此便是未发气象。

尽性工夫全在集义上，一发一尘莫非天理，只是循理便是率性，便是践形尽则。

敬以直内，义以方外，敬是体，义是用，是体在用上。庶民去之，君子存之；操则存，即是敬以存之。心体发明，即是心之精神。不待操而存，是心体本然如此。体要在用上理会，须见得用不离体，即是敬义夹持，内外交养；所谓持其志无暴其气，而浩然之气自见；手之舞之，足之蹈之，是集义所生而性体呈露。

本无辍，又何作。通乎昼夜只此生生不息之理。

一身之理，与天地万物本是一源，此身即万物之一，本在浑然寂然一理之中。

愚夫愚妇生而知之只是此日用寻常处。

气不外理，感不外寂，白沙所谓如马之御衔勒，所谓静中养出端倪，参前倚衡，即此理也。

静中存天理，动中循天理，此理本无一息之间。

收拾精神于视听言动、衣服饮食之间，事事必合乎天则，徒模拟提撕古人言语，皆不干己事。

开口便说着，开步便踏着，开眼便见着，莫非此理此性，即体即用，只践形尽性而已。才不直，便还他直，收拾精神，所谓心苟不懈，存久自明，直内方外，敬义夹持，志气交养。

罗整庵别心之灵与性之理，此语亦精。然二者皆我所自有，不可偏重，如以心之灵为非则未是。朱子以虚灵不昧言心，知心即由之以知体。

孟子言本心，本心即性，故曰心即性也。

《大学》言正心，心以主宰言；其言诚意，意者心之中又有心，意即性之发现。放心亦心也，知孟子本心之说与单言心者自别。良知亦然。本心、良知，即意也。意即性，性无不善，故曰尽性；意无不善，故曰诚意；诚意乃所以正心。

即形色，即天性，此理本通乎昼夜。

天性本沾不住丝毫尘滓，集义之久，本体昭然。真是洪炉点雪，不可遮蔽，亦无可倚靠。

耳目之官不思，物交物则引之而已，是则庶民去之。心之官则思，思只是思本心，思则得之，此君子存之。

视思明，听思聪，思则得之。

是集义之所生、非义袭而取，到得精义入神，邪僻无从而生，所谓从心所欲不逾矩。才有纤尘，如洪炉点雪，自占不住，所谓知过是良知。凡夫不思则不得也，所谓庶民去之。修道之谓教，不修何由得明。

不知性之善，是谓外铄之学，是无源之水。若说不假修证，不免误认凡夫为即圣，以至认圣凡无别，无善无恶之说以生。阳明说愚夫愚妇生而知之，知的是甚么？圣人学而知之，又是如何学？

所谓识得本体好做工夫。

不知良知现成，则本体不明；误认良知现成，亦是本体不明。

思则得之，君子存之，正明道所谓存久自明。明则性益显，所谓心之精神，纤毫过恶无不见，所谓知过是良知。过恶从何来？性不显而昏蔽，恶从此来；所谓庶民去之，所谓不思则不得。

孟子道性善，又益之以养浩然之气。养气在乎集义，而浩然之气自生，而性日益显，率性以至尽性。所谓识得本体好做工夫，只是率性工夫。

颜山农言：与罗近溪言率性，或言率心，余子皆率情耳。性、心、情，本自一事，而复大有别者，养气之工有至不至耳，故曰精义入神。延平言：识得理一，却不难理会分殊，虽毫发不可失，方是儒者气象。理会分殊，正是精义之工，亦正是养气之工，故浩然之气是集义所生。

孟子言：形色天性也，唯圣人为能践形。宋人又分气质之性、本然之性言之，然外气质又安得有本然之性。但庶民去之，即此形色，乌得谓合于本然之性。盖有物有则，则乃本然之性，性即理也，君子存之，存此理此则而已。养其大体为大人，养其小体为小人。民有血气心知之性。血气之性，物交物引之而已。心之官则思，心乃知善知恶者也，知此理此则者也。践形即率性也。

循理，即血气之性皆本然之性。气机所至，即性之所至，亦即理之所至。

耳目视听，气也；手舞足蹈，气也；自然之用也。而动用之间，或宜或不宜；宜者，义也。耳目之官不思，物交物则引之而已；心之官则思，思则得之，所以制义也，故曰精义入神。义不义皆气之自然，而精义则心之所能。一任夫气，而必使之合于理。合于理者，亦气之所宜也。理不外乎气，必期合于理者心也，此精义之工也。

无为其所不为，无欲其所不欲，是以理（心）帅气也。尽心尽性，必使气皆率乎心，方为精义。

心清明则天理昭然现前，气昏昧则反是，故孟子言持其志无暴其气。以气壹亦动志，气反足以动其心，所以不迁怒、不贰过乃为颜子之好学。敬义夹持，始能内外交养。

沉静精明，则气定而理显；不昏昧，不散漫，动静皆合天理天则。是则是在太极上立脚跟。

罗整庵说：理须就气上认取，然认气为理则不是。此语最精。认良知本自现成，就本体说，原无不是；但就工夫说，这便是有一段养气工夫的境界；无此工夫，即无此境界，而说良知现成，则非真实而流弊生也。沈静精明，亦即性之本体，亦即我之工夫。依本体是还他本体，即是工夫，即是创造，亦是发展之所至。真理实现成，但待人发现，即非全是现成，但有物（气）的基础。

性即吾固有之真精神，才怠即委靡，何由见性！

人心，道心，皆心也；本心，放心，皆心也；故《大学》必曰正心。意则所谓心之中又有心，即本心也；故《大学》于意曰诚意。

日用所接无非物，而本心之好恶形焉。此即性也。率性尽性皆于此着工夫（禅似于好恶处不着力而只以灵明者为心）。阳明门下以知过为良知、改过为致知，此正圣门切要处，不可谓之禅学（禅要离妄缘似即改过意）。

心之官则思，而曰不思善、不思恶，何耶?

欲诚其意者先致其知，致知即尽心、尽性也。致知在格物，物必得其正，即改过也。物亦何正不正之有，唯于我为正不正耳。知不可以徒致，必于事物上致。格、致是一事，非二事，故曰物格而后知致。如遗事物，即无由致其知。

天之所以与我者，非由外铄我也，本体原如此。庶民去之，君子存之，日新又新，集义而直养无害，而浩然之气生，是要如此工夫始得。

无极而太极，莫非本体；用则千变万化，而体则虚明无迹。万物莫非此体，与我虚明之体为一，我之虚明即万物之虚明。

此心、此体本自虚明，虚明谓之无所住可也；然感而遂通天下之故，此谓而生其心。

陈乾初说：庶民皆天之所生，然教养成就以全其性者，圣人之功也。非教养成就能有加于生民之性，而非教养成就则生民之性不全。陈氏之说最为的当。盖以朱子言理先气后，阳明言现成良知，皆不免强调一偏，皆蹈先天论之失，陈氏以发展论救之，而义始真切。然亦即明道存久自明之说。孟子言火之始然、泉之始达，以知皆以扩而充之言之，以仁在熟之言之，以集义所生非义袭取言之，亦此义也。董子、韩婴之论茧与丝、卵与鸰，亦是此义。朱子、阳明说工夫处亦此意。必工夫至而本体益明，乃不易之理。黎洲后来言工夫所至即其本体，正深有得于陈氏之说。李延平说：默坐证心，体认天理，久久用力于此，庶几渐明，讲学始有力。亦此理。古人工夫，大都如此。唯复性有还原之意，不免有先天、预成之见。

陈氏又言：孩提少长之时，性非不良也，而必于仁至义尽见生人之性之全。陈氏每以见性言，正以工夫非于性有所加。性虽善而工夫有敬肆，而所见有浅深，性即善而见不彻耳。然经霜谷性始全，诚同于孟子，何如以远近见山不同为喻，为无有加于性分之疑乎！要之，性者心之性，尽心正所以知性。知益彻而性益显，即曰谷之性以受霜而全，亦未有碍。

君子无终食之间违仁，又曰一日克己复礼天下归仁，颜子其心三月不违仁，正是程子所谓"仁与万物同体，天地之用皆我之用"同一真实而已。

若提起时有，便是起炉作灶未为真；若放下时放不下的，方是天之所以与我者；故颜子欲罢不能。罗念庵所谓减削已尽自有真实得力处。

象山言收拾精神。须收拾整顿一番，剪除枝叶，心自纯一清明，自然理欲分晓，见可透澈。

孟子言：庶民去之，君子存之。去之则百姓日用而不知，随时体认天理即存之之事。持其志，操则存，是如此用力，孔子曰能用其力于仁，放下便是庶民。

耳目之官不思，物交物则引之而已，此气也。气一则动志，则明知故犯，是谓庶民去之。心之官则思，思则得之，不思则不得，此以理言。志一则动气，不迁怒，性其情，所谓君子存之。

理者气之理，人欲即天理。庶民去之，固不得以此为理气不杂之证。庶民日用，亦莫非天理；好好色，恶恶臭，何莫非天理；甘食甘饮，亦天理也；呼尔蹴尔则不屑不顾，亦天理也。呼蹴而受之，则欲所不欲，然后非天理。此真太空中一点尘埃，此前此后皆气也，亦理也；诚意则拭此一点尘埃也。养得浩然之气，则此一点尘何由而生。此一点尘自是人欲关头，所谓不动心者即不动此不屑不顾之心耳，养气者

216

即养此不屑不顾之气也。①

孔子告颜渊曰：一日克己复礼，天下归仁。此正明道《识仁篇》意；不然，此意如何解得？朱注真善解此章之意，谓"仁者心之全德，莫非天理，私欲净尽，天理流行"。皆从性分上说，从源头大本上说。颜子请问其目，孔子答以非礼勿视听言动，此正白沙所谓至无而动、至近而神，所谓知过是良知者庶乎近之，此真近思，非见性明工夫切者，何由臻此。朱注谓于天理人欲之际已判然矣，又取伊川《四箴》为注，伊川从心兮本虚、秉彝天性说起，从哲人知几说起，都自本源上来，而总之曰由中应外，制外养中。朱子以此章乃传授心法，非至明不能察其几，非至健不能致其决，故惟颜子得闻之。又曰：颜子默识其理，又自知其力足以胜之，故直以为己任而不疑。非道理入微，良知见前毫发不隐（莫见乎隐）者，乌能事此，岂硬把捉之浅见乎？孔、

---

① 以上五十七条未注月日。

颜心源，程、朱得之，古贤岂可以浅见而轻之。五月初七日。

禅者每言见性，言圣人与凡夫同。然人伦性也，禅者弃人伦，果为性乎？其迥异于凡夫审矣。又其言敲空作响、击木无声之类，亦非凡夫之常情，其说悖矣，正所谓弥近理而大乱真者，非欤？自宋、明诸儒出而性道之旨明，固禅者有以启之，不可诬也。乃禅者不能决去旧习，而宋儒乃能决之，顾亦时时染于禅者之言未能涤去，徒滋后学者之疑，安得一一取其是而决其非欤！儒者之学，各有得力处，各不相同，禅者亦然，其纤毫之间固难矣。但提得大端，亦自有益。初八日。

此理本直上直下，此心与理常在目前。直心而动，手之舞之，足之蹈之，一语一默，无非此理。我与天地同此一理，生生不息，自有一段精神，便是用其力于仁矣乎，而非造作鼓努之力也，只收拾自家精神而已。视听言动皆是天理之流行，处处收摄管照，无有徒然行著习察，所谓致广大而尽精微，极高明而道中庸，鱼跃鸢飞，殆在是也。

是如此即如此，不是如此即不如此，一切随他而已，更有何事。

寂是心之本体，空虚无一物，感是心之发用流行，周子所谓静虚动直，寂而常感，感而常寂，非有二也。

太虚浮云，万起万灭，不碍太虚，日用平常，循而已，又岂碍吾心体之寂。

心本寂然不动，万象起灭，感而遂通，心之寂然之体，未始有动，视听语默、手舞足蹈，一切自然，无非本色，何曾有圣凡之别。

以寂应动，虽气机鼓荡，自不著于流行而澄静如故。四十年前只见到天理流行上认识性之用，而不曾于性之存主上体会性之体，故鲜宁静之趣，与百姓日用不知何异！①

---

① 以上六条未注月日。

禅家喜说光明寂照，从而遣去是非，冤亲平等，证明此是心宗，不是性宗。六四年四月廿九日。

只如说枯桩是法身边事，非枯桩是法身向上事，可见向上事正是指无山无水好愁人，至此只是光明寂照，更有何物，这是什么心情。

我有一机瞬目视伊，是语言道断不由文字，是体露真常。五月一日。

满街都是尧舜，这是实见得性善，实见得人皆可以为尧舜。善只是本来面目，可以说无善。若说无善无恶，连恶也无了，这是法身向上事，这是儒释之辨。五月初二。

金毛跳入野狐窟，是点石成金。

知过是良知，改过是致知，淮南之学，的是儒学，如此分明，这和四无之说是不同的。

不可践人禾稼，这分明是改过之意，这是性本如此，这是诚意；若是说本来无一物，何处惹尘埃，从性体看可说无尘埃，从日用中看不可说无尘埃。人是可以做到无尘埃的，但实际上人不是本来无尘埃，颜渊只是有不善未尝不知，而不是无不善。人能知什么是不善，是知识的高级形式，是理性认识；物无有不善，还是低级形式；所以思则得之，不思只能物交物则引之而已。性自能知过。

三十年不少盐酱，只是改过不吝，何尝是无善无恶，这是性（也可说是气质），虚灵不昧的心可说是无善无恶，这是心；这里应有分别。

义理之性是气质合当如此者，不如此便不安。激而扬之可使在山，便以不安为安者多也。

终日乾乾，心之精神谓之圣，只是本体流行。

圣人只是终日过则勿惮改。

凡人只是知其不可而为之。虽为之而知其不可，这是向上的把柄。

虽圣人亦有所不知焉，亦有所不能焉，这是儒学。

一了一切了，只见得心体而已，此亦必无之事。

儒学是进进不已无止境，佛学真是形而上学。

义理之性即气质之性，义理即从气质日益发展提高而益明。夕惕乾乾，只是要日新。颓委则昏惰而益昧。圣字古只做聪解。

从气质之性以明义理之性，此性学也。皮肤脱落尽，惟有一真实，此心宗也。理是人所认识。

语默视听，好恶喜怒，此天之所以与我者，此天然自有之理。春生夏长，山峙川流，此万物天然自有之理。物、我虽殊，理则一本，所谓与天地之化相似。

君子以自强不息，此理本不曾暂息。六四年十月四日。

养其小体为小人，是明知故犯，故说知过是良知，改过是致知，说先立乎其大者。十月五日。

此理直上直下，只敬以直内、义以方外，是体之之道，只率性尽性便是。

明道说存久自明，安待穷索；尽性是成始成终之工。六日。

事不外理，不可只作事看，若见得理事不二，则小事亦是大事。不可向事外求。

知得理事不二，更进一步是要收拾精神、猛著精彩。此理直上直下，天地之大德曰生，以直养而无害则塞于天地之间，始透得过，这是敬以直内工夫。

人人皆生而知之，此理本无间歇，生生不已，恣情率性，是安而行之。

愚夫愚妇是生而知之的，圣人只是从他动用作为一切作用上看。十一月八日。

明知故犯是舜、跖之分。

明于庶物，察于人伦，是把真常极至之理从事为中体现出来。八日。

气有懈怠，理无暂歇，只是于穆不已。

此理本直上直下，只是从他直上直下，此之谓率性。

心气合一，只是要以气从心。

理气不相离亦不相杂，心有放是气，心虽放而理仍此直上直下。

敬以直内，直心为德。

义以方外，是于事事物物上的敬。九日。

终日乾乾，自强不息。此理本自不息，但人须以不息体之。所谓诚者天之道，思诚者人之道。参前倚衡之工不可无，此谓勿忘。十一日。

敬立而内直，是常惺惺法，此是无暴其气。

唯养气是尽性率性之要，所谓内外交养。十一日。

此天之所以与我者，庶民去之，君子存之，尽性而已。

思则得之，思诚者人之道也，此是工夫。诚者天之道也，此是本体。识得本体，好做工夫；不可只有本体，缺了工夫。十三日。

凡百事都须有一段精神（如诗书画之类）。象山说此是刀锯鼎镬的学问，敬以直内，亦是此意。

义精仁熟，夫仁亦在熟之而已；精义入神，不是悠悠荡荡。《易》曰自强不息，猛著精彩，才透得过。十九日。

孟子道性善，但又继之以成睭、颜渊、公明仪，便是养气工夫。

浩然之气，集义所生；非集义则无由生，是水到渠成。

知皆扩而充之；性虽善，要在扩充，始能尽性。十三日。

精神在内时，手舞足蹈、七纵八横莫非理（性）。

心清则流行莫非天理，莫非性也。日用何莫非性，只是心清而后性自见。廿二日。

象山言：战战兢兢，那有闲管时候。临深履薄便是敬。

性体本是生生不息，临深履薄即性之本然。

运水搬柴，须有精神真实做了一段事。

收拾精神，即用其力于仁之力。廿五日。

敬以直内，义以方外，即力仁之力，即性体本然。廿六日。

日用云为莫非天性，一切小事都是大事。

生而知之的即是天性，故云汝无佛性。卅日。

延平所谓理会分殊，虽毫发不可失。理原自一本而万殊，莫非性也。朱子说：论万物之异体，则气犹相近而理绝不同，手足、耳目、着衣、吃饭，各有其则。孟子所谓践形尽则，是要于明物察伦用工一番。程子说：知敬而不知集义，却是都无事也。是要敬义夹持，日用云为之间处处透过。率性尽性之学，自子思、孟子、延平、程、朱是一致的。象山所谓于人情世事物理上用功，亦是如此。所谓洒扫应对之微，即精义入神之妙。释家说要于事上觑，亦是此理。一九六五年一月一日。

226

　　上札记若干条，钞自家慈所藏先君遗物之笔记簿中。验以所注年月，当写于癸卯乙巳间。后此，先君即致力于《越史丛考》，遂未再见札记之作，逾四年而竟见背矣。癸卯时，先君尝谓于性理之学最近半年"尚有新境界，亦差可自慰"。殆即此稿所记者耶！前整理《理学札记》时，惜未见此稿，不克将后定之论一并刊出，愧对先君并士林深矣。

蒙默记1986年6月20日

理学别札

　　孟子曰："耳目之官不思，物交物则引之而已。心之官则思，思则得之，不思则不得也。"夫人之受气于天与万物同，故曰仁者浑然与物同体，而满栏杆外是孝慈也。唯人以心知之灵超乎万物，事至物来，有舍生取义、舍鱼而取熊掌之辨，或得或失、有是有非，皎然于中，趋舍未定，正以心知之故，而亦有待于心知之择，思则得之，不思则不得也。故孔子曰"操则存、舍则亡"也。

　　气也、物也，皆受令于心者也，臣也，而心其君也。孔子曰"操则存、舍则亡"者，心也。曰无为其所不为，无欲其所不欲，所以为受是辞非之准者，即心之好恶也。克念作圣、罔念作狂者，即心之存亡也。今以流行即天则，理气不相离，欲不操而存、舍而非亡，是任气而行，非存心之学也。曰即物穷理，是不以理之在心、无取于尽心之功也。不求于心而求之气，则气为主而心为从，臣专令而君若无事焉，是岂有当于孔孟之旨耶！孟子曰尽心，《大学》曰致知，以知者心之知也，致知即尽心也。知致而物格，志帅而气次，内直而外方也。此本末始终先后之道也。舍心而任气，其可免于本末倒置之嫌欤！故曰：欲诚其意者先致其知，致知在格物。

孟子曰："耳目之官不思，物交物则引之而已；心之官则思，思则得之，不思则不得也，此天之所以与我者。"夫人与万物同禀受于天，此"诚者天之道也"；心之官则思，则为人所独具，故曰"思诚者人之道也"。此人之所以异于万物者也。舍生而取义，舍鱼而取熊掌，孳孳为善为不善，而舜跖分焉，此正人之所有事、心之所有事，而物不与焉。禽兽木石，其生也乌有所谓是非之辨，盖以其无知，徒生生而已耳！唯人以有心知之性，事至物来，或泣素丝而悲歧路者，以其可彼可此、从善从恶一决乎心，是以有操存舍亡之实，此《中庸》所以贵乎择善固执而孟子以思诚为人之道也。禽兽木石之生、雨露日星之运，安所择亦安所舍亡哉！故山峙川流、鸟啼花笑皆天理也，以气机鼓荡莫非天理可也。若人则必无为其所不为、无欲其所不欲，而后中于天理，诚以有所不为、有所不欲者本心也，所谓诚者天之道也，至善无恶者也。本心之好恶，即所以为受是辞非之准者，此天之所与我者也。歘焉而为其所不为、欲其所不欲者，则放心也，而善恶判焉。无为其所不为，无欲其所不欲，此之谓不失其本心，所谓思诚者人之道也，去不善而迁善者也。唯物有气而无心，知任气而已可也，曰气与理俱可也；而人则有知，操存舍亡皆心之事，故必思诚择善而后中于理，此人与物殊而天道人道之不可混也。以诚者天之道言，则曰理气不相离可也；以思诚者人之道言，而曰不离，不可也，此满街尧舜之说所由起也。以思诚者人之道言，曰理气不相杂可也；以诚者天之道言，亦曰不相杂，则即物穷理之说殆不可免也。苟不致思于人之所以为人，而置其知善知恶之良知、为善去恶之良能，外此择善思诚之心、任气而动、穷理于即物，皆所谓无主之学，为未能究乎孟氏之旨也。子思言："诚者天之道也，诚之者人之道也。"孟子曰："诚者天之道也，思诚者人之道也。"此正孟子之能得统于子思而又汲汲言思，此则孟子之能有进于子思者耶！诚为本体，思诚为工夫，至《大学》曰诚意，斯又进而以本体为工夫而工夫之即本体，本体工夫浑然一片，嘻，至《大学》，尽之也。孟子曰尽心，《大学》曰诚意、曰致知，以意者即孟子所谓本心，而知者即心之觉察也，诚意、致知即尽心也。

周濂溪言：无极而太极，以至于化生万物。殆以论宇宙之全也。曰：形既生也，神发智也，五性感动而善恶分、万事出也。于是主静立极为圣人之所以希天。然五性之动善恶之分皆自太极来，以一本言，则理一本而气亦一本，以万殊言，则气万殊而理亦万殊，善源于太极，恶亦未始不源于太极。夫致言于太极万物以括宇宙之全而理气具焉，善恶备焉。是虽致精于宇宙之思，诚无所裨于人生之学。曰天之所以与我，此人之与万物相同，曰无忝所生，此人之与万物相异，禽兽木石之生，乌有所谓是非之事，以其无知也，徒生生而已也。唯人以有心知之性，是以有操存舍亡之实，事至物来所以泣素丝而悲歧路者，以其可此可彼从善从恶一决乎心，此《中庸》所以贵乎择善而固执之者也。禽兽木石之生、雨露日星之运，则安所择亦安所舍亡哉？苟外此能择之知，舍其所可操而从事于非能操，是忘人之所以为人，置其知善知恶之良知、为善去恶之良能，而欲自侪于木石以自比于物之为物，斯其为说终无一是。以太极为善则满街固尧舜之说也，以太极无善则即物穷理之论也。

是宋明之学自濂溪造端以来而道家之论已隐附于其间也。夫舍鱼取熊之间，可左可右，事至著而好恶常明，此正孟子所以就本心而明性善，外是则人生之学无所由建，而曰与造化为徒，与天地为一，斯不过翠竹涅槃黄花般若，徒宗门之见地、惠施之辩辞，而何与于儒家之事、孟氏之旨哉！

　　此数稿疑皆1944年先君编辑《儒学五论》时所拟修改《儒家哲学思想之发展》初稿中之片段，虽最终未能全部写入正文，但深有助于读《哲学发展》文之理解，故汇录于此。标题为整理时所加。

在版编目（CIP）数据

治学杂语　理学札记/蒙文通著.—成都：四川文艺出版社,2020.11
（旧书新觉）
ISBN 978-7-5411-5588-8

Ⅰ.①治…　Ⅱ.①蒙…　Ⅲ.①治学方法－文集　Ⅳ.①G795-53

中国版本图书馆CIP数据核字(2020)第082004号

ZHI XUE ZA YU　LI XUE ZHA JI

治学杂语　理学札记

蒙文通　著

责任编辑　张亮亮
封面设计　叶　茂
内文设计　史小燕
责任校对　蓝　海
责任印制　崔　娜

出版发行　四川文艺出版社（成都市槐树街 2 号）
网　址　www.scwys.com
电　话　028-86259287（发行部）　028-86259303（编辑部）
传　真　028-86259306

邮购地址　成都市槐树街 2 号四川文艺出版社邮购部　610031
排　版　四川最近文化传播有限公司
印　刷　成都东江印务有限公司
成品尺寸　130mm×185mm　　开　本　32 开
印　张　7.5　　　　　　　　字　数　100 千
版　次　2020 年 11 月第一版　印　次　2020 年 11 月第一次印刷
书　号　ISBN978-7-5411-5588-8
定　价　52.00 元